淡々黙々。

内田篤人
三村祐輔

UCHIDA
2

Contents

まえがき Text by Atsuto Uchida | 6

まえがき Text by Yusuke Mimura | 12

09.02.2014 FC Schalke04–Hannover96 | 26

帰国して診察へ。手術回避を決断 | 36

JISSでのリハビリが始まる | 44

リハビリの反動と、再発の不安と向き合う日々 | 58

ブラジルW杯日本代表メンバーに選出される | 64

4日間の自主トレ。そして、指宿へ | 66

21.05.2014–25.05.2014 日本代表指宿合宿 | 74

27.05.2014 日本代表対キプロス代表 | 80

29.05.2014 アメリカ・タンパへ | 98

02.06.2014 日本代表対コスタリカ代表 | 104

04.06.2014 コスタリカ戦の翌々日 | 116

06.06.2014 日本代表対ザンビア代表 | 122

14.06.2014 日本代表対コートジボワール代表 | 136

19.06.2014 日本代表対ギリシャ代表 | 166

24.06.2014 日本代表対コロンビア代表 | 196

ザッケローニ監督との別れ | 216

「代表」に関する、葛藤と逡巡 | 222

10.07.2014 Training at Shizuoka Photographs by Orie Ichihashi | 24

27.09.2014 FC Schalke04–Borussia Dortmund | 250

あとがき Text by Yusuke Mimura | 258

あとがき Text by Atsuto Uchida | 266

内田篤人、再び日本代表へ | 270

atsuto

まえがき｜Text by Atsuto

自分が何のためにサッカーをしているのか、異国の地・ドイツででっかい奴《やつ》らを相手にサッカーを続けているのか、考える間もなく走り続けてきた。あっという間の4年間だった。

ワールドカップ（以下W杯）のあとシャルケ04に戻ったけれど、すぐに離脱してしまった。サッカー選手としてはいいことではないけれど、久々に自分と向き合える時間ができた。

小学生のころにサッカーを始めた。以降、他の人よりちょっと足が速くて、サッカーで評価され続けてきたから、今の自分がいるのだとは思う。

清水東高校を出て、数チームからオファーを頂いて鹿島アントラーズを選んだ。社会人となり、サッカーでお金を稼ぎ始めた。アントラーズでリーグ三連覇を経験し、10代から日本代表にも入った。そして、ドイツへ移籍して、はや5シーズン目に突入している。

他の人から見れば、順調なキャリアなのかもしれないけれど、当人はずっと必死だった。立ち止まって考える余裕はなかった。リーグ戦を戦い、終われば飛行機に乗って代表戦へ。戻って今度はチャンピオンズリーグ（以下ＣＬ）を戦う。そんなせわしない日々を過ごし、気づけば26歳になっていた、という感じだ。

もちろん根底には「サッカーが上手《うま》くなりたい」「自分のサッカーがどこまで通用するのか試してみたい」という、自分なりの欲求は当然ある。でも、それだけじゃないな、それだけではいけないな、とW杯を経験して思うようになった。

きっかけは、怪我《けが》だった。

僕は2010年の南アフリカW杯のピッチに立てなかった。アジア予選はほぼレギュラーで出ていたのに、本番直前で守備的な戦術に変更したチームの方針もあって、僕はベンチに座った。そして、1秒も出られなかった。

日本人のフットボーラーとして、経験できる資格がある試合のなかで、僕が出場していない唯一の試合がW杯だった。南アフリカでベンチを温め、2014年のブラジル大会に出られなければ、縁がない大会なのかな？　と。その4年後のロシアW杯は想像するにはまだまだ先の話だし。

僕にとって、W杯に出るラストチャンスかもしれない。それがブラジルW杯だった。メディアの人は「念願の！」と表現していたけれど、僕からしてみたら「とにかくピッチに立ちたかった」というニュアンスの方が近い。サッカー選手として一度は経験しなければならない大会だと思っているから。
それに、自分で経験しないと何事もわからないし、そこでしか見えないものは絶対にある。

ところが……

2月9日に行なわれたシャルケ04対ハノーファー戦の終盤に僕は大きな怪我をした。最初はいつもの〝肉離れ〟かな、と思っていたけれど、どうやら様子は違った。

右太もも肉離れと腱《けん》の損傷。全治約3か月の重傷だった。

「やっぱりW杯に縁ないのかなー」

そう思った。

そこから僕はリハビリを続けた。多くのプロフェッショナルなスタッフに支えられて、W杯に出るためのリハビリを続けた。

いつも怪我をしたときは、

「全治2週間なら、2週間よりは早く戻りたい！」

そう考えるタイプだった。それが男らしいと思うし、かっこいいと思うから。

でも、このときは違った。

「早く戻って再発してしまったら、W杯の舞台には立てない。慎重に、慎重に」

このときだけは、自分の流儀に背いた。

「今のオレは卑《ひ》怯《きよう》だと思う」

そう正直に言ったこともある。

でも、どんなことをしてでも、W杯の舞台に立ちたかったから仕方がなかった。

このリハビリは多くの人に支えられた。チーム、ドクター、代表スタッフ、家族、リハビリ仲間や他の代表選手のみんな。そして、温かい声を寄せてくれたサポーターの皆さん。

リーグ戦に復帰できないまま、僕は23人の代表発表の日を迎え、そしてメンバーに選ばれた。選出は羽田空港で荷物が出てくるのを待っている間、高校の同級生からのLINEで知った。

「ウチダ、拾ってもらった」

そう思った。23人しか枠がないなかで、アルベルト・ザッケローニ監督は僕を選んでくれた。

次の瞬間、いろんな人の顔が頭に浮かんだ。

「この人たちの苦労や、期待に応えるためにもやるしかない」

僕は一つの結論をつかんだ。

「僕のサッカー人生は自分のためでもあり、人のためでもある」

と。

怪我を治し、僕はブラジルでW杯の芝生をついに踏んだ。戦績は1分2敗。1勝もできずに、グループリーグ最下位で僕らはブラジルから帰国した。

自分個人で言えば、南アフリカ大会で出られなかった経験は活かせたと思う。2010年以降に所属したシャルケ04で踏ん張ってきた甲《か》斐《い》があった。

『僕は自分が見たことしか信じない』『2 ATSUTO UCHIDA FROM 29.06.2010』に続く『淡々黙々。』。文章とプレー写真で紡いできた三部作の最後になるような本だと思います。毎回そうですが、いろいろな人に読んでもらえれば嬉《うれ》しいし、人それぞれ思いのままに今の〝内田篤人〟を感じてくれればなおさら嬉しいです。

今回はライターの三村祐輔さんとの共著です。三村さんはドイツに住み、欧州での試合を取材し続けています。試合後のミックスゾーンでは、いつも熱心に質問を投げかけてくれるし、シャルケ04の練習にも来て取材をしてくれます。

また、この本を作るにあたり、ブラジルからの帰国後にもインタビューをしてもらいました。

僕の4年間を近くで見ている三村さんだからこそ、書けることがあると思います。

まえがき | Text by Yusuke

サッカー選手の仕事は試合に出て、活躍することである。それが出来ないときに味わうストレスはどれほどのものだろうか。

2010年6月、日本代表が南アフリカW杯を戦っていたこの時期、内田篤人は試合に出られずにベンチを温める日が続いていた。だから、内田の機嫌が悪くても不思議ではなかった。

鹿島アントラーズからシャルケ04への移籍が正式に発表された直後の6月16日、私は旧知の記者に伴われて、初めて内田のもとへ話を聞きに行った。ドイツの通信社から日本代表と日本人選手に関するニュースを教えて欲しいと頼まれており、ドイツの人気クラブに移籍が決まったばかりの内田についての情報を彼らが必要としていたからだ。

W杯に向けた準備が大詰めを迎えたこの時期に、大会後に始まるクラブでの活動について聞かれても内田はあまり話したがらないのではないかな。そんな予感とともに質問を投げかけたのだが、こちらの予想に反して、内田は饒舌《じょうぜつ》に語り始めた。

「シャルケの試合のＤＶＤはいくつか見ました。ドイツではみんなそうだけど、やはり闘えるというか、球際の争いも激しいなというイメージです。早く、あそこで練習をしてみたいですね」

そして、W杯のおよそ半年前の2009年12月に、代理人の秋山祐輔に付き添われてシャルケ04に視察へ行ったときのことをたずねると、少し考えてから、こう答えた。

「あのとき、マガト監督（当時のシャルケ04の監督）にステーキをご馳走《ちそう》してもらったんです。こんなに美味《うま》い肉があるのかぁと思っていたら、こう言われたんですよ。『ドイツに来れば、こんな美味しい肉を毎日食べられるんだぞ』って。とにかく『すぐに来い』と……。でも、（所属している）鹿島のこともあるし、もう半年待ってくださいとお願いしていたんです」

「何か聞きたいことはないのか？」
　マガト監督に問いかけられた際のエピソードも教えてくれた。自分のどの部分を評価してくれているのか、と内田がたずねると、マガト監督はこう答えたという。
「よく動くし、ガンガン前に出ていくところが好きなんだ」

　およそ4年前。ブラジルW杯に日本が出場できるかどうかさえ、わからないこの時期のやりとりも、今になって振り返れば示唆《しさ》に富んでいると言えるのかもしれない。あのときから全ては始まっていたのである。

　結局、南アフリカ大会で日本代表が事前の予想を覆すような戦いぶりで決勝トーナメントに進んでいく一方で、内田は1秒たりともプレーする機会を与えられなかった。

　シャルケ04への移籍は、内田篤人にとっては2010年の南アフリカW杯から一歩前に踏み出すことと同じ意味だった。

「移籍はクラス替えみたいなもの」

内田は、独特の言い回しでヨーロッパサッカー界の日常を表現する。試合に出られなければ移籍すればよくて、それは恥でもなんでもないというわけだ。日本では、ビッグクラブへの移籍をのぞけば、移籍には〝都落ち〟のようなネガティブなイメージがつきまとう。でも、世界を見渡せばそうでもないんだよと内田は言いたいのだろう。物事の本質を的確にとらえる能力がありつつも、世間の誤った見方や見解について、誰かを批判することなく正そうとする心づかいはさすがというしかない。

ただ——。

クラス替えをしたばかりの時期に、ある生徒が授業に出られないとしたらどうだろうか。きっと新しいクラスに溶け込むのに苦労してしまうだろう。〝転校生〟内田のスタートは決して順風満帆《じゅんぷうまんぱん》なものではなかった。

南アフリカW杯の決勝戦が行なわれたわずか2日後に記者会見を行ない、内田はシャルケ04に加わった。余談だが、最初は登録名を「Atsuto」にしようとして、入団会見では背番号の22の上に「Atsuto」とプリントされたユニフォームをかかげている。ただ、後にファーストネームでの登録が認められないことがわかり、「Uchida」で登録することになった。当時、内田は「アット」とチームメイトから呼んでもらいたがっていた。しかし、結局は、「Uchida」のドイツ語読みの「ウシダ」、あるいはそれをもじった「ウシー」がニックネームとなった。それはそれで内田自身は意外と気に入っている。ちなみに、入団会見で持っていた「Atsuto」とプリントされたユニフォームは、代理人を務める秋山祐輔が大切に保管しているそうだ。

話を戻そう。

内田のシャルケ04でのスタートが順調ではなかったというのはどういうことだろうか。

チームへ加入した直後に行なわれたオーストリアでのキャンプ中に、練習中にチームメイトのヒジが内田のアゴのあたりを直撃してしまう。その傷口からバイ菌が入り、発熱してしまったのだ。そのせいで、キャンプ中の練習や練習試合の一部に参加できず、ホテルでの静養を余儀なくされた。

私は、2010年の7月22日にオーストリアのシュラトミンクという片田舎の小さな街を訪れた。内田の練習試合を取材するためだ。今思うと隔世の感があるのは、そこにいた日本人が自分だけだったこと。今では、カタールでキャンプをしようが、オーストリアやドイツの保養地でキャンプをしようが、そこには必ず熱心な内田ファンの姿がある。それも1人や2人ではない。10人とか20人とか、そういう単位で。キャンプが行なわれるのはたいてい、人里離れたリゾート地だったりする。パリやロンドンのような大都市ではなく、小さな街にまで日本からやってくるのだから、その情熱たるや驚くべきものだ。

そんなシュラトミンクにある小さなサッカー場で、シャルケ04のコーチに内田の所在を聞くと、「ここにはいないよ」というぶっきらぼうな答えが返ってきただけだった。

同じ時期にヴォルフスブルクの一員として同じオーストリアでキャンプに参加していた長谷部誠（現アイントラハト・フランクフルト）も、内田が発熱で静養していることを聞き、心配していた。当時のシャルケ04の監督であるマガトは、長谷部がドイツに渡ったときにヴォルフスブルクの監督を務めていた人物でもある。〝鬼軍曹〟というニックネームで知られる厳しい監督が、選手の一挙手一投足を観察しているのを長谷部はよく知っていた。また、移籍したときには、初めが肝心《かんじん》だということも理解していた。だからこそ、内田のアクシデントを聞いて心配したのかもしれない。

ちなみにその様子を聞いた内田の母の澄江は、仕事の夏休みと重なっていたこともあり、すぐにドイツに飛んだという。
「過保護と言われるかもしれないのですが、心配になりまして……」
以前、そんな風に話していた。

それでも、幸いにして熱はほどなくして下がり、再びチームに合流した。そして、キャンプの遅れをどうにか取り戻し、翌月に行なわれたシーズン開幕戦では途中出場ながらも、デビューを果たし、次の試合ではスタメンに名を連ねた。見事に巻き返しをはかったように見えたのだが、その直後の9月に日本で行なわれた代表戦で左足の親指を骨折してしまう。

次から次へと、困難が降りかかってくる。

奇《く》しくも、内田と同じ時期にドイツにやって来た香川真司は、開幕前から派手な活躍を見せて、ファンやチームメイト、監督の心をがっちりつかんでいた。しかも、香川が所属していたのはシャルケ04のライバルであるボルシア・ドルトムントだ。内田が骨折してから1週間もしないうちに香川はシャルケ04とのダービーで2ゴールを決めて、ドイツでスター選手の仲間入りを果たした。少なくとも開幕から1か月間、2人の置かれていた状況はあまりに対照的だった。

考えてみて欲しい。これは失意のうちに終わった南アフリカW杯直後のことだ。2010年は、内田にとって厄年なのかと思わずにはいられなかった。そして、長谷部ほどにマガト監督のことを知りえない一介の記者である私でも、厳しいことで有名な監督から三行半《みくだりはん》を突きつけられはしないだろうかと余計な心配の一つもしたくなった。内田の心が折れてしまわないのだろうか、とも。

しかし、内田はそんなことで終わらなかった。

骨折したのに、1週間もたたないうちに練習に復帰して周囲を驚かせた。そして、1か月足らずでブンデスリーガのピッチに戻ってくると、少しずつ存在感を発揮していく。内田が欠場した時期のチームの成績がふるわなかったことも、内田にとっては幸いした。

内田が変わってきたなぁと感じられたのは、10月の後半になってコンスタントに試合に出られるようになってきたころからだろうか。おそらくシャルケ04のファンもまた、そのあたりから内田のことを認識し始めていたはずだ。

個人的に、忘れられない試合がある。10月20日、ＣＬのグループステージ第3節、ハポエル・テルアビブとのホームゲームだった。内田がＣＬで初めてフル出場した試合だ。

この試合の前半、オーバーラップした内田はペナルティーエリアにさしかかるところでＦＷのラウールとワンツーを試みたが、相手チームの選手にボールを奪われてしまった。

その直後のことだった。

ハポエルのカウンターが今にも始まりそうなところで、ボールを持った選手にさりげなく、身体をぶつけた。当然、主審は笛を吹く。ファールだ。いわゆる「戦術的ファール」と呼ばれるプレーだった。自分たちのピンチに直結しそうなシーンで、悪質ではないファールをあえて犯すことで、そのピンチの芽をつむのが「戦術的ファール」である（もちろん、それを繰り返していればイエローカードをもらうこともあるが……)。

そして、このファールの直後、ホームのフェルティンス・アレーナのスタンドから決して小さくはない拍手が起きたのだ。

結局、この試合は3－1でシャルケ04が勝利をつかんだ。試合後、取材エリアであるミックスゾーンに内田はそれなりの手ごたえをにじませつつ現れるものだと思っていたが、テンションは低かった。この試合に勝ったのではなく、負けたんだっけ？　と錯覚しそうなほどに。

いくつか質問をしたあと、内田にこんな質問を投げかけた。
「ファールで相手のカウンターを上手く止めたあと、スタンドから拍手が送られていたのに気がついていましたか？」

すると、内田の表情がそれまでと変わる。質問を聞き終わると、パチンとスイッチを入れたかのように内田の表情が明るさを取り戻した。そして、口を開いた。

「あぁ、そうなんですか！　それがわかるというのは……サッカーをよく知っているな、と思いますね。『汚いプレー』と言われたらそれまでですけど、自分が前に上がって、ボールをとられて、カウンターを食らうのはつらいので。日本ではなかなか気づかれなかった部分で……。そういうところに反応してくれるというのは、目が肥えている証拠。うん、やっぱり良い環境でやれていますね」

最後は自らに言い聞かせるように、そんな環境で戦っていける幸せを口にした。

そこからの活躍は今さら説明する必要もないだろう。このシーズンは、その後に不動のレギュラーとなり、ＣＬではクラブ史上初めてのベスト4進出に貢献し、ドイツ杯では優勝を飾った。また、日本代表の一員として参加したアジアカップでも優勝に貢献した。今ではシャルケ04の主力選手として、シャルケ04のファン以外のドイツ人にも名前を憶えられるようになった。

本書は内田が右足を怪我した2014年2月9日から、6月24日に行なわれたブラジルW杯のコロンビアとのグループリーグ最終戦までのおよそ4か月半の軌跡を追ったドキュメントである。

その4か月半の過程は、不安を抱えながらスタートしたシャルケ04での4年間に似ているように見えてくる。

ブラジルW杯にハンデを背負った状態で参加した内田が、安定したプレーを見せられたのには確かな理由があったのだ。

Japan National Football Team Schedule

May 12th - June 27th, 2014

	MONDAY	TUESDAY	WEDNESDAY
May	**12** リハビリ中のドイツより帰国。W杯メンバーに選出。東京・丸ビルにて記者会見へ	**13**	**14**
	19 味の素フィールド西が丘にて、自主トレ4日目	**20**	**21** 日本代表、鹿児島・指宿合宿初日 (午後から練習)
	26 埼玉スタジアム2002にて、公式練習	**27** 埼玉スタジアム2002にて、日本代表対キプロス代表。内田篤人先発、前半終了後に交代。1得点	**28** オフ
June	**2** アメリカ・フロリダ州タンパにて、日本代表対コスタリカ代表。内田篤人先発、後半26分までプレー	**3** 夕方からトレーニング	**4** 午前中にホテルで共同取材。夕方からトレーニング
	9 キャンプ地イトゥで午後からトレーニング	**10** オフ	**11** 午後からトレーニング
	16 午後からトレーニング	**17** 午後からトレーニング。夕方に共同取材	**18** 午前にナタールへ移動。スタジアムにて公式練習
	23 午前中にクイアバへ移動。スタジアムにて公式練習	**24** ブラジル・クイアバにて、日本代表対コロンビア代表。内田篤人、先発フル出場。W杯グループリーグ敗退決定。夜の飛行機にてベースキャンプ地・イトゥへ戻る	**25** 一夜明け、イトゥにて会見。現地解散。深夜にサンパウロ空港出発

※各地、現地時間

RSDAY	FRIDAY	SATURDAY	SUNDAY
5	16 味の素フィールド西が丘にて、長谷部誠、吉田麻也などと自主トレ開始 (以下、自主トレはすべて午前中からの1回の練習)	17 味の素フィールド西が丘にて、 自主トレ2日目	18 味の素フィールド西が丘にて、 自主トレ3日目
2 代表、 島・指宿合宿2日目 午後の2部練習、24日まで同じ)	23 日本代表、 鹿児島・指宿合宿3日目	24 日本代表、 鹿児島・指宿合宿4日目	25 鹿児島・指宿合宿を打ち上げ、東京にて壮行会「夢を力に2014」に出席 (午前中のみ練習)
9 までオフ。20時成田発の飛行 タンパ空港へ。現地時間夜にク ォーターのホテルに到着	30 夕方からトレーニング	31 午前中にホテルで共同取材。 夕方からトレーニング	1 夕方からトレーニング
らトレーニング	6 アメリカ・フロリダ州タンパにて、日本代表対ザンビア代表。内田篤人先発、後半21分までプレー	7 午前中にタンパ空港を出発。ブラジル時間の夜にヴィラコッポス空港到着	8 夕方からソロカバにて現地ファンに向けた公開トレーニング
2 らトレーニング。 共同取材	13 午後にレシフェへ移動。 スタジアムにて公式練習	14 ブラジル・レシフェにて、 日本代表対コートジボワール代表。 内田篤人、先発フル出場	15 午前にレシフェ出発。午後にイトゥのキャンプ地到着。夕方からトレーニング
9 ル・ナタールにて、 表対ギリシャ代表。 人、先発フル出場	20 午前にナタール出発。 午後にイトゥのキャンプ地到着。 午後からトレーニング	21 オフ	22 午後からトレーニング。 夕方に共同取材
6 港で乗り継ぎ	27 夕方に成田空港へ到着	28	29

CÔTE D'IVOIRE

UCHIDA
2
HASEBE
17

09.02.2014 FC Schalke

皮肉にも、理想的な状態にあるときに足をすくわれてしまうことがある。調子が良いとき、気持ちのこもったプレーが出来ているときがそうだ。

2014年2月9日に行なわれたブンデスリーガの第20節、シャルケ04のホームゲーム。迎えた相手はハノーファーだった。

この日の内田篤人は、タフなエンジンを積んだドイツ車のように、グラウンドを走り回っていた。攻撃では、右サイドでコンビを組んで4年になるペルー代表のファルファンを何度も追い越していく。マイヤーのチーム2点目のゴールをアシストした場面のようにビッグチャンスを作りだすときもあれば、ファルファンを活かすために相手のディフェンダーの注意をひきつけるような地味なプレーもあった。スピードもスタミナもみなぎっていた。

守備に移れば、力強さを見せつけることができた。相手選手に身体をぶつけて、ボールをキープする。ルーズボールには頭から飛び込んでいく。内田のプレーの前に歯がたたなかった相手のエース、フスティはいら立つあまり、内田へのファールを繰り返し、イエローカードをもらい、途中でベンチに下げられてしまったほどだった。

しかし、そんなときに悲劇は襲ってくる。

後半44分、右足に電気が走るような衝撃があった。

04 - Hannover 96

調子が良かったのに、怪我をしてしまう。不運だと多くの人が考えがちだが、内田はそうは思わない。

「ドクターにもよく言われるんだ。『怪我をする場合の多くは、筋肉などの調子が良すぎるときなんだよ』って。逆に、筋肉が張っているなぁ、怪我しそうで怖いなぁ、と感じるときは意外と大丈夫だったりする。あのときも身体のキレはすごく良かったから。その分、筋肉に負担がいっちゃったんだろうね」

内田の負傷につながった後半44分に見せた一連のプレーは、調子の良さを象徴するものだった。

右サイドでボールを受け、3人をかわした上で、シュミーデバッハの股の間にボールを通し、置き去りにしようと地面に踏み込んだときに右足を痛めてしまった。

股の間にボールを通したとき、それをやってのけた選手は快感を、やられた選手は屈辱を覚える。しかし、本来は快感を覚えるはずの場面で、電気が走るような痛みを感じてしまったのだ。
「別にあんなところで無理に行かなくてもよかったんだけどね。2－0で勝っていたし……」

ハードなプレーをキックオフ直後から続けていた。それでいて、後半44分という試合の終盤になっても、遊び心と力強さのあるプレーを見せられた。

果たして、そんなパフォーマンスをかつての自分は見せられただろうか。

この試合を含め、2014年に入ってからW杯前までにシャルケ04でプレーした2試合では、攻守ともに確固たる自信を持ってプレーしていた。かたわらで内田を支えてきた代理人の秋山祐輔はこう分析していた。

「2013年の11月とか12月くらいからずっと調子は良かったですね。スタメンから外されるイメージは全くなくなっていましたし。少し言い過ぎかもしれないけれど、シャルケでの4年目のシーズンで、風格が出てきたというか、堂々としてきたんですよ。シャルケでは、年齢も、クラブでの在籍年数も上の方になってきた。鹿島のときには小笠原満男がいたり、シャルケに来たばかりのときにはラウールがいたり、ある種のレジェンド的な選手に引っ張られてきた内田ですが、今ではドラクスラーやマイヤーなどドイツ代表の年下の選手と一緒にやっている。風格と言うと大げさかもしれないですけど、そういうものが出てきたなぁとは思っていましたけどね」

4年間の積み上げで彼のプレーは凄みを増していた。皮肉なのは、それが彼の身体に負担をかけたことだ。

ただ、このハノーファー戦には、特別な想いで臨むだけの理由があった。ホームのフェルティンス・アレーナの2階席で、2010年W杯で日本代表を率いていた岡田武史が観戦していたからだ。NHK

adidas

ＢＳ１で放送されることになっていた『岡田武史の見る世界基準と日本の挑戦』という番組で、内田と対談するためだった。

内田にとって、岡田は不思議な存在だ。

自分を日本代表にデビューさせてくれた恩師であるが、一方で、南アフリカW杯直前にレギュラーから外し、1秒もピッチに立つチャンスを与えないという決断を下した監督でもある。

「W杯では試合に出してくれなかったから、オレのなかではそんなに好きな監督というわけではなかった」

かつてはそんな風に思っていた。

しかし、そんな岡田への思いが変わる出来事があった。2012年の3月に放映された、内田に密着した『情熱大陸』というドキュメンタリー番組を見た岡田からメッセージを送られたのだ。このドキュメンタリーは内田がシャルケ04であまり試合に出られない時期を追ったものだった。それを見た岡田が、日本サッカー協会のスタッフに内田へのメッセージをたくしてくれた。

「そのまましっかりやっていれば、大丈夫だぞ」

嬉しいな。内田は素直にそう思えた。奇しくも、その電話が来たころから再び試合に出られるようになっていた。このさりげない一

言が、内田を勇気づけてくれたのだ。

「陰でこっそり『頑張れ』っていうのがイイよね。オレが19歳のときに代表に呼んでくれて、我慢して使ってくれてありがたいなと思うし。最後はオレが力を出せなかったからW杯のピッチに立てなかったわけだし……」

岡田監督について問われるとき、内田はこんな風に答えるようにしている。
「好きな監督というわけではないかもしれませんが、本当に優秀な監督さんです」

監督は、全ての選手に良い顔をすることは出来ず、ときに非情な決断で選手を傷つけることもある。選手から「厳しい決断をできる監督」と言われるのが優秀な監督なのだ。相手のフォワードから「マークについて欲しくない選手だ」と評されるのが優秀なディフェンダーであるように。むしろ南アフリカW杯のときには、あの岡田の決断が、日本代表を決勝トーナメントに導いた大きな要因だと内田は考えている。

そんな岡田が仕事のためとはいえ、ゲルゼンキルヘンまで足を運び、自らの試合を観戦する。燃えないわけがない。

「岡田さんが来たから頑張ったのは間違いないよね。『見とけ！』って思ったもん、オレ。もちろん、南アフリカのときの自分のレベルには問題があったから文句は言えない。でも、4年前の采配を後悔させようと思うところも少しはあったから」

ちなみに、4年前のW杯で起用されなかった理由については、番組のなかで岡田からこう聞かされた。

「守備の強さというところが、ボール際（の競り合い）が……今はホント強くなったと思うけど、あのときは物足りなさを感じていたんだよな」

シャルケ04に移籍してからというもの、内田はことあるごとに語ってきた。

「攻撃についていろいろと言われることもありますが僕はサイドバック。あくまでも守備の選手ですからね。守備が出来なければダメでしょう」

4年前と比べれば別人のような、圧倒的な強さを守備で見せられた。それに加えて、サイドバックに求められる攻撃でも、出色の出来を見せていたのだ。

「とりあえず監督をギャフンと言わせたかったんだよね」

調子は良かったし、いつも以上に気持ちのこもったプレーが出来ていた。それゆえに、筋肉が内田の動きについていかなかった。

もしも、あそこで怪我をしないままでいたら、どれだけの結果を残していたのだろうか。もちろん、悔しい気持ちは残っている。

「だって、ＣＬの次の相手はレアル（・マドリー）だったんだよ！レアルとやれる機会なんて滅多にないのに……」

このあと、レアル・マドリーは結局、ＣＬで優勝することになる。そんなチームと、ホームとアウェーの計２試合を戦えていたら、どれほどの刺激をもらえたのかと今でも思う。きっと試合では、この年のヨーロッパ最優秀選手（バロンドール）に輝くクリスティアーノ・ロナウドをマークすることになっていたはずだ。今では、どんな選手のマークにつけと言われても、それなりのパフォーマンスを見せられる自信はある。でも、唯一の例外がロナウドだ。彼のマークについたときにどうなるのかだけは想像がつかない。だから、レアルとは試合をしてみたいと強く思うのだ。

しかし、その一方でこんな風にも考えている。
「でも、あのまま行っていたら疲れちゃって、W杯までもたなかったかもしれない」

長いシーズンを戦うと、生傷や怪我など、身体的に大きな負担がかかる。ただ、それ以上に大きいのは短い間隔で試合を続けていくことでたまっていく精神的な疲労だ。

「頭の疲れはオフに休まないと抜けない」

そう内田は考えている。だから、ＣＬで優勝したレアルに所属している選手たちの多くが、ヨーロッパでのシーズン直後に行なわれたW杯で思うような活躍を見せられなかったことは何ら不思議でないと内田も感じていた。

レアルとの試合に出られなかった後悔はあるにせよ、ここで休憩を与えられることは、Ｗ杯で活躍することだけを考えればプラスになる可能性もある。

怪我をしたのが良かったのか、悪かったのか。それはわからない。とにかく、レアルと戦うチャンスを手放さないといけなかった悔しさをかみしめつつ、内田にとって長い戦いがスタートすることになったのだ。

帰国して診察へ。手術回避を

怪我をした試合の直後に行なわれた岡田との対談を終えた内田は、自らの運転する車でドイツの自宅へと戻った。もちろん、痛みはあった。ただ、一昨年から度々、怪我をしていて、痛みに慣れていることもあり、耐えられないような痛みではなかった。またリハビリが始まるんだろうな。そう思いながら、ベッドに入ったことを覚えている。

このときは、怪我の痛みよりも、心待ちにしていたレアルとの試合に出られない痛みの方が、大きかった。

おかしいな。
そう思ったのは翌日、ベッドを出ようとしたときだった。
肉離れならばこれまで何度か体験したことがある。でも、それまでとは異なる痛みが足に響いている。

もう一晩眠れば、炎症も治まるかもしれないと思いながらその日を過ごしたが、翌日になっても状況は変わらない。内田はシャルケ04のドクターと一緒に、遠くの病院へ行くことになった。自分の車にドクターを乗せ、内田が運転する。運転をしていても痛みはあるのだが、驚いたのは車の乗り降りのときに右足に走る強烈な痛みだった。

「これはヤバいな」
そう感じていた。

決断

診察を受けると、内田の右足を診た3人の医者、全てが同じ意見だった。
「すぐに手術をするべきです」

痛みが尋常ではなかったから普通の怪我ではなさそうだと予想していた。でもまさか、手術をするまでとは……。

「少し待って欲しい」とドクターに伝えてから、内田は慌てて電話をかけた。相手は、信頼を寄せ、アッキーと呼んでいる代理人の秋山だった。もっとも、そのとき秋山はちょうど飛行機に乗っていたために、電話はつながらなかったのだが。

羽田空港に着いて、携帯電話の電源を入れた秋山からすぐに折り返しの電話があった。そこで内田はこう伝えた。

「ドイツのドクターには『手術をしろ』と言われているけれど、手術するかどうかはともかく、日本のドクターにも診察してもらいたいんです」

秋山はこのときのことをこんな風に記憶している。
「空港についてすぐに電話で話したのですが、日本の医者に診察してもらうことをシャルケ側が許可してくれるかどうかを内田は気にしていましたね。ただ、シャルケでは、監督をはじめ、関係者の要求にも彼は常にこたえてきていました。つまり、シャルケから『良い選手』だと思われるような行動をしっかりとってきたわけです。

だから、『シャルケに許可してもらえるのかどうかではなくて、必ず許可してもらうよ』と彼に伝えました」

この会話をかわしたのは、ドイツ時間で23時ごろ（※日本は朝）だった。

「とりあえず今夜は心配せずに寝ていいよ。明日の朝、篤人が起きるまでに全て整えておくから」

秋山からそう言われて、電話を切った。

「アッキーの仕事は早かった。言った通りに、翌朝までに全てやってくれていたからねぇ」

頼りになるなぁと内田も感心したほどだった。

日本で診察を受けることをシャルケ04もすぐに了承してくれ、帰国する飛行機の手配も整った。翌日、内田は日本行きの飛行機へと乗り込んだ。

2月14日、内田は成田空港に到着した。

痛みがかなりひどいために松葉杖を用意しておくかと事前に秋山からたずねられていたのだが、そんな様子を人に見られたら恥ずかしいなと思い、やんわりと断っておいた。

到着ゲートを出ると視界に入ってきたのは、いくつものテレビカメラと、記者たちの姿だった。新聞社のカメラマンがたくフラッシュもまぶしい。そんな光景は普段から慣れているのだが、このときは日本に帰ってきた理由がいつもとは違っていた。日本代表として試合に出るためでも、休暇をとるためでもない。

今日は話しかけないでね。今は何も話すことはないんだから。

心の中でそうつぶやきながら、うつむき加減でメディアのかたわらを通り過ぎていった。

「これはタダ事ではない」

後から聞いた話では、周囲の記者たちはこのときの様子を見て、そう感じていたらしい。だからこそ、彼らも質問を投げかけてくるのをためらったみたいだ。

この日はいつもと勝手が違うことばかりだった。

普段なら秋山に車で迎えに来てもらい、空港から目的地にむかう。しかし、この日の関東地方は大雪が降っていたために車での移動は危険を伴う。だから、成田空港から都内までは成田エクスプレスで移動することになった。

内田は暗くならないように電車内で色々な話をしたが、普段とは異なっていたことが秋山の目にははっきり映っていたようだ。

「病院へと向かう車内では、たわいない話をしたくらいです。『成田エクスプレスに乗るのは、生まれて初めてだ。速いっすね』と内田が言ったのを覚えているくらいで。怪我の話をしても、診察を受けるまでは仮定でしかないので、深い話をしようがない。ただ……。この怪我はどうなるのか、手術をすることになるのだろうか、と内田が不安に思っているんだろうな、というのは彼と一緒にいることで自然と伝わってきていました」

都内の病院に着いて、診察をしてくれたのは鹿島アントラーズ時代から診てもらっていた香取庸一先生だった。精密検査をして、結果を伝えられたのは翌日だった。

「手術しなくても治療は出来るよ」

それを聞いて、ホッとしたのを内田はよく覚えている。
「やっぱり、手術はしたくなかったから。手術をしたからといって回復が早くなるわけでもないし。だから、どのようなペースでリハビリしていくのかについての話をしたよね」

ちなみに、同席していた秋山は、最後に判断するのは内田自身であり、代理人としてはその手助けをすることしか出来ないと語っている。その上で、内田のために医者に確認しておきたいことがあったという。

「手術をした場合も、しなかった場合でも復帰までにはある程度の時間が必要だというのはわかりました。ただ、気になったのは、ひとりのサッカー選手としての将来のこと。W杯の前までに復帰をしようと焦るあまり、手術をしないという選択をしたとします。その場合に、手術をした場合と比べて、サッカー選手としての将来の成長やプレーに悪い影響があるかどうかは先生に確認させてもらいました」

「手術をしなかったからといって、将来的にその弊害が出ることはありませんよ」
それがドクターの答えだった。

「もちろん、『手術を回避したら、W杯後のサッカー選手としての人生に負担がかかる』と言われていたら、内田は手術を受けていたと個人的には思います。ブラジルW杯に出たいという思いはあるはずですが、W杯はその4年後にもある。良い選手であるなら、そこでもメンバーに選ばれるチャンスがあります。W杯がサッカー選手にとって重要な意味を持つ大会であることに異論はありませんが、その大会に出ようとするあまり、サッカー選手としての本分である普段のクラブでの生活に支障をきたすようになっては本末転倒ですからね。彼は賢い選手ですから、手術を回避することで2年後や3年後に弊害が現れるようだったら、無理をすることはなかったと思います」

なお、ヨーロッパでは内田のような怪我の場合には手術をすることが一般的だ。一方、日本では必ずしもそうではない。だからこそ、日本とドイツで異なる診断が下されたわけだし、シャルケ04のチームドクターも当然のように手術をすべきだと主張していたのだ。

それでも、手術をせずに復帰へ向けたリハビリに取り組みたいという内田の希望について、シャルケ04側はすんなりと受け入れてくれた。クラブの寛容な姿勢に内田は感謝せずにはいられなかった。

クラブとの間に立って、交渉役を務めた秋山も次のように話している。

「シャルケは最初から最後まで本当に協力的でした。内田がW杯に出られるように全力で協力するとまで言ってくれたくらいでしたから。クラブのそうした姿勢は本当にありがたいものでしたし、逆に、内田がチームに加わってからクラブのためにやってきたことを評価してもらえたということなのでしょうね」

実際、監督の選定から選手の獲得、放出に関する責任者であるシャルケ04のヘルト氏はドイツメディアに対して、こう話したという。

「内田は素晴らしいキャラクターで、常にチームに全てを捧げてくれる、絶対的に信頼できる選手なのだ」

ただ、忘れてはならないのは、リハビリがすべて順調に進んだとしても、4月の終わりから5月の初めにかけてようやく復帰できるという事実だった。手術を回避したからといって、ホッと胸をなでおろせるわけではなかったのだ。W杯のメンバー発表の前に、復帰できるチャンスを得たに過ぎない。それでも、手術をすれば復帰できるのは6月以降になるのだから、そのチャンスを得たこと自体が大きな意味を持っていたわけだが……。

ＪＩＳＳでのリハビリが始まる

内田は、患部の回復を待ちつつ、それを支えるための身体の他の部分を強化するリハビリに取り組むことになった。

最初のステップは、日本で行なうことになった。ＪＩＳＳと呼ばれる国立スポーツ科学センターがその舞台だ。センターに併設された宿泊施設にスーツケース2個分の荷物を運び入れ、新たな生活を始めた。

ホテルのような一室が用意されたが、広さは8畳にも満たない。
「スーツケースを広げたら、足の踏み場もないくらいでしたからね……」
ただ、閉ざされた空間は、懐かしい記憶を呼び起こしてくれた。

ヨーロッパでは一流フットボーラーの仲間入りを果たしたために、遠征でホテルに泊まるときは、高級ホテルの一室が割り当てられる。でも、以前はそうではなかった。

高校を卒業したあと、鹿島アントラーズに入団して寮で生活していた当時も似たような感じだったな。そう思えたから、新たな生活も内田には苦にならなかった。

「ＪＩＳＳでは自分の練習着は自分で洗わないといけない。プロに入ってからは、ユニフォームでも練習着でも、使ったあとに洗濯カゴに入れるだけ。翌日にはキレイにたたんだ状態で自分のロッカーに置いてある。そういうことが普通になっていたんですよね。でも、自分で部屋の掃除も洗濯もしないといけない。リハビリで使った練習着を洗いながら、『こういうのって大切なことだな』と感じたりもした。あれで、初心に戻れたのかな」

ＪＩＳＳでの毎日はこんな感じだ。
・朝の8時すぎに起床して、朝食をとる。
・9時15分から12時半ごろまで、リハビリを行なう。
・昼食をとってから、治療など、身体のケアをする。
・ときには午後にもプログラムが組まれることもある。

夕食は気分転換をかねて友人や知人と外食に出かけることもあったが、それがなければＪＩＳＳでとった。

リハビリを中心にして一日の予定が決まる。まして、自分のリハビリ施設と宿泊施設が隣接しているのだ。まるでリハビリを職業とする人みたいだな。そんな風に感じながら毎日を過ごした。

ただ――。
この施設を選んで良かった。
内田は今でもそう思っている。いくつもの出会いがあったからだ。

「僕は人には恵まれているんですよ」

いつも、そんなことを話しているような気もするが、あの施設でもまたそう感じていた。自分と同様にリハビリに励む仲間がＪＩＳＳにいて、どれだけ助けられたか。もしも一人で黙々とリハビリに取り組む環境ならば、単純作業の繰り返しに飽きてしまったかもしれない。

愛するクラブだった鹿島アントラーズを離れて、シャルケ04へと移った理由の一つは、同じようなことが繰り返される毎日から脱したいと感じたからだった。そんな人間にとって単純作業の繰り返しは苦痛でしかない。

確かに、リハビリを通じて自分の身体と向き合うことだけに専念するのは、求道者《ぐどうしゃ》のようでちょっとかっこいいなとも思う。

でも、自分はそういうタイプではない。それならば、同じようにリハビリに汗を流す仲間がいた方が、前向きに淡々と取り組める。これは個人スポーツではなくて、チームスポーツをやってきた人間の性《さが》なのかもしれない。

「新体操、バドミントン、柔道など、男女関係なくいろんな競技の選手が集まっていたんですよ。サッカーだと長谷部さんや大津（祐樹）もいましたし。みんな、それなりに重い怪我をしていて、まっすぐに歩けるような状態ではない。ただ、そうやっていろんなところから集まってきた仲間たちと一緒にリハビリをやると楽しいんですよ。みんなで声をかけ合いながらやっていたから、きついけど、楽しくやれる。これだけでもだいぶ違いますからね。例えば、一人で黙々とやるなら、今日はきついなぁと思うこともあるかもしれないし、手を抜いちゃおうかと考えることもあるかもしれない。だけど、他の人の目もあるので、『きついけど、やるか！』みたいなことになりますから」

気がつけば、同じ施設でリハビリを行なうみんなとはまるで同好会やサークルの仲間のような不思議な関係になっていた。普通の大学生なら、そういう感覚を味わうことも少なくはないのかもしれない。高校生のときに、大学に進んで、体育の教師にでもなるのかなぁと考えていたくらいだから、もしプロにならなければ、ごく当たり前のように経験できるものだったのかもしれない。でも、高校を卒業してすぐにプロの世界に進んだ内田にとっては新鮮に感じられる環境がそこにあった。

ある日のこと、ともにリハビリに励むメンバーの一人がこんなことを言ってきた。

「今度、私の誕生日なんですよ。私も、内田さんが着ているようなアディダスのパーカーが欲しいんです」

内田はアディダス社とスポンサー契約を結んでおり、彼のスパイクにはいつもアディダスの3本ラインが光っている。

「まぁ、誕生日会は、サークル活動の一環としては普通に開かれるようだし」。そう考えた内田は、六本木ヒルズのアディダスショップで、アディダスの商品をプレゼントする約束をした。

内田がU-16日本代表に選ばれたころからの付き合いで、アディダス社で今も内田の担当を務める橋倉剛が当時の様子をはっきりと覚えていた。

「内田選手から電話がかかってきて、アディダスショップにみんなで行くことになるから、案内をして欲しいということでした。当初は、その日に内田選手は来られないかもしれないという話だったのですが……」

どうにか予定をやりくりして内田も、仲間たちとともにアディダスショップを訪れた。みんなが念入りに商品を眺めている間、そのアテンドを橋倉に任せ、内田は一度、店を離れた。

向かったのは、近くにあるケーキ屋さんだ。もちろん、誕生日を祝うためのバースデーケーキをこっそり買うのが主な目的だったが、それだけではなかった。アディダスショップへ戻ると、全員分を自腹で購入して、仲間にプレゼントした。そして、「お忙しいところ、みんなで押しかけてすみません」と切り出してから、保冷剤を入れてもらったケーキを橋倉に渡した。「今日は、わざわざありがとうございます。これ、家族のみなさんと食べてくださいね」

「アディダスショップの店員さんと、僕の家族の分のケーキまで用意してくれていたんです！　驚くしかないですよね。しかも、買い物が終わったら、彼が予約しておいてくれた焼肉屋さんで誕生日会が待っていた。僕も同席させてもらいました」

内田はそのときはまだ25歳で、ベテランという年齢ではない。しかし、同じようにリハビリをする仲間たちは内田よりも若い選手たちばかりだった。仲間としてはもちろん、先輩としても内田は彼らを喜ばせようとしていた。

橋倉はこのとき、2012年に行なわれたアディダスフットボールクリニックのことを思い出したという。

「アディダスフットボールクリニックと題して、日本全国でサッカー教室を開いたことがありまして、そのときに優秀な子ども3人を、ドイツへ招待する企画でした。シャルケの試合後にご飯を一緒に食べてもらったのですが、そのときも彼のサービス精神はすごかったですからね」

このとき、内田は試合の前に、橋倉から3人の子どもたちの座る席の位置を聞いておき、試合後には彼らにむかって手を振った。さらに、ホテルのレストランで食事をすることになっていたのだが、彼らよりも先にホテルに着いて玄関で出迎えて驚かせたばかりか、自らがショップに行って購入したシャルケ04のユニフォームにサインを入れてプレゼントしたのだ。

「僕は内田選手のご両親にもお会いしたことがあるのでわかるのですが、素晴らしい人たちで、こんな家族に囲まれて育ったからこそ、常に気をつかえる選手になるのかな、と感じました。若いころから知っていますけど、そういうところは昔から変わらないんですよ。もちろん、プロになって、チヤホヤされたりして勘違いしてしまう人もなかにはいるわけですが、彼には全くそんなところが見られないですからね」

リハビリの他に、そうしたイベントもあって、ＪＩＳＳの仲間たちとの関係は自然と深まっていった。

「それおかしいでしょ」とツッコミを入れざるを得ないような出来事もあった。

「そのうち、リハビリが終わってＪＩＳＳを出るときにウルウルきちゃう選手とかも出てきたんですよね。普通に考えればリハビリが終われば、怪我からの復帰が近づいたということだから、嬉しいはずじゃないですか？　『でも、ここを去るのはさみしい』って言う人もいたりして……。いやいや、喜ばないといけないでしょうと伝えましたけど、それだけＪＩＳＳでの毎日が充実していたんでしょうね」

他の競技の選手とリハビリを通して知り合うことで、新鮮な気持ちになれたし、学ばされることも多かった。サッカー選手という職業について改めて考えるきっかけも彼らが与えてくれた。

例えば、サッカーの日本代表選手は、試合会場まで飛行機ならビジネスクラスで、新幹線ならグリーン車で移動できる。泊まるのも高級ホテルだ。しかし、他の競技の日本代表選手のなかには、試合会場への交通費を捻出《ねんしゅつ》することにさえ苦労する人もいる。

　何もサッカー選手だけが偉いわけでもない。どんな競技に取り組む選手も、自らの愛するスポーツに全力を傾ける。そこに優劣の差があるわけがない。ただ、サッカーという人気のあるスポーツを生《なり》業《わい》としているから、今の自分が受けられるような待遇がある。だから、改めて自分の置かれている環境がいかに恵まれているのかを理解し、もっと頑張らないといけないのではないかと考えるようになっていった。

「むしろ、こういった環境はちょっと恵まれすぎているなとさえ、思いましたね。自分の頑張りは、その環境に見合うものなのか、とも。他のマイナーなスポーツ……といったらあれですけど、決して大きな注目を集めないスポーツの選手のなかには、自分よりも大きな怪我をしているのにもかかわらず、頑張って、毎日リハビリをしている人がいた。その姿を見ると、やっぱり、心を打たれるところが大いにありました。W杯を前に、一人のスポーツ選手として、ああいう人たちと一緒にリハビリを出来たというのはすごく良かったなと思いますね。怪我をして良かったなとは思わないですけど、怪我をしなかったらあそこには行けなかった。ＣＬなどより大きな意味を持っていると言うと大げさですけど、自分はアスリートなのだという事実と向き合える時間だったのかなと思います」

　それだけではない。

「努力は足りているか」

そういった類《たぐい》の言葉を使うのが、内田は好きではない。黙々と自分の職業に取り組んでいればいいし、わざわざ言葉にするのもダサい気がするからだ。
でも、そんな考えを少しだけ改めさせられる出来事があった。
ある日、一緒にリハビリに取り組んでいるバドミントン選手の一人が、リハビリを終えてから体育館でシャトルを打つ練習をすると耳にした。

「その様子、見させてもらっていい？」
体育館までついていくことにした。他のアスリートの姿勢から何かを盗もうと考えていたわけでもない。ただ、なんとなくその日は時間があった。

その選手は、体育館の片隅のコートで、黙々とサーブの練習をしていた。ただ見ているだけなのも所在ないし、サーブで打ちつけられたシャトルを拾い、集めることにした。大好きなマンガ『SLAM DUNK』にも似たようなシーンがあったなぁなどと、思いながら。

「あ、ありがとうございます！　でも、すごい人にシャトル拾いさせちゃっていますよね、いいのかな……」

むしろ、感謝したいのは内田の方だった。
「いわゆる〝コソ練〟ですね。誰かに見て欲しいからでもなく、自分のために、みんなのいないところで練習していた。それを見て、最近のオレはああいうことやっていなかったなぁと改めて思ったし、ああいう努力が大事なんだよなと感じられた。あれは大きかったね」

その後、さまざまな記者から怪我が再発するリスクについて何度も聞かれるため、それ以降は「怪我をしたら、またここ（ＪＩＳＳ）に戻ってくればいいんですよ」と答えるようになった。もちろん、似たような質問をやりすごすためというのが、そのように答える理由の一つだ。ただ、ＪＩＳＳでしか味わえなかったこと、発見できないことがあったのは確かだ。

ＪＩＳＳでリハビリをしている間に長谷部と日本代表の試合を見に行く機会があった。2014年3月5日に行なわれた、国立競技場が解体される前の最後の代表戦だった。このときは、内田の運転する車でスタジアムへ行くことになった。

試合前日、内田はあることに気がついた。自分のスマートフォンのミュージックプレーヤーを見ると、長谷部の好きなミスターチルドレンの曲が入っていなかったのだ。〝車中で長谷部さんを楽しませないといけない〟そう思って、ミスチルの曲を追加した。

「案の定、長谷部さんは喜んでいましたねぇ。『おぉ、ミスチルじゃん！』て。それにリハビリでも、長谷部さんを〝いじらせて〟もらいましたから。腹筋サーキットといって、腹筋を短時間で何度もやるようなメニューがあるのですが、『日本代表なのに、負けるのかー？』とか声をかけて、盛り上げさせてもらいましたからね。まぁ、そのお返しになりましたかね（笑）」

　ちなみに、このとき運転した車は内田が鹿島アントラーズでプレーしていた時代から愛用しているものだ。普段は静岡の実家に置いてあり、オフなどで日本に帰ってきたときに利用している。もっとも、実家からＪＩＳＳまでは運転すれば２時間はかかってしまう。今回のリハビリが始まったときには、いつものように運転代行業者に頼んで、車を運んできてもらう手はずを整え、実家にその旨を伝えていたのだが……。

　ＪＩＳＳで過ごすようになってからまもなく、携帯電話が鳴った。母の澄江からの着信だった。

「いまＪＩＳＳの前にいるわよ。車持ってきたわ」
　怪我をした自分のことを心配して、顔を見るために2時間近くかけてわざわざ来てくれたのだ。

「両親とも来てくれていて、悪いなぁと思って……。それで少し話をしました。けっこう心配してくれていたみたいだけど、『大丈夫だから』と伝えてその日は別れたんです」

　しばらくして、日本でのリハビリも終わりが近づいてきたころ、再び、母から電話があった。ドイツに戻る前に一度、会えないかと聞かれたのだが、結局、時間がなく断ってしまった。すると、ＪＩＳＳに小包が届いた。そこに入っていたのはお守りと、2通の手紙だった。

一つは、母の澄江からのものだった。

篤人へ

あっという間に1か月がたってしまいましたね。リハビリ大変だったでしょう？　日本にいても全く力になってあげられず、申し訳なく思います。チームに戻って、まだ、リハビリが続くと思います。無理をせずにゆっくり治してください。お参りしてお守りを頂きました。スーツケースにでもつけておいて下さい。これからのリハビリも上手くいくことを祈っています。食事をしっかりとって、ボチボチやってください。

どうして、少しだけでも時間を作らなかったのか。悪いことしたなぁ。そんなことを感じた。ただ、サッカーを職業にする息子としては、たぶん別の形で母の愛に応えることなら出来るはずだとも思った。もちろん、それはもう少しあとのことになるのだが……。

そして、もう一つの手紙は、「ねぇちゃんおばちゃん」と呼んでいる人からのものだった。父の静弥は高校生のときに母親を亡くしており、当時から近所の人に面倒を見てもらっていた。そのなかでも特に目をかけてくれたのが、「ねぇちゃんおばちゃん」で、内田家と親戚同様の付き合いをしてきた人だ。

あっちゃんへ
怪我をしてしまったそうで心配してます。函南の病院にいるなら私もお見舞いに行けるけれど、遠いから行けなくて。本当はもっとたくさんあげたいけど、少なくてごめんなさい。もしよかったら、これを使ってください。

そんな手紙とともに封筒に入っていたのが、1枚の一万円札だった。内田は以前、彼女の家が大雨で浸水したときに見舞金を送ったことがあった。
「あっちゃんが、送ってくれたの？」と言って、かなり喜んでいたらしい。だから、そのお返しの意味合いも、この一万円札には含まれていたのだろう。

「この一万円はなかなか使えない。だって、そうでしょう？　たかが一万円と言う人がいるかもしれないけど、その重みといったら……」

1枚のお札の重みをかみしめる。そんな感覚を味わったのは、お年玉をもらっていた高校以来かもしれない。
　リハビリにとどまらず、サッカー選手の置かれている立場から、自分のことを想ってくれる人たちの愛情にいたるまで、多くのものと向き合いながら過ごした日々はあっという間に過ぎていった。

　日本へ戻ってからおよそ1か月、ＪＩＳＳでのリハビリがある程度は進んだことで、ドイツに戻ってきて、その続きを行なうようにとシャルケ04側から指示された。

　3月15日、羽田空港からドイツへ戻ることになった。この日は天候の乱れもなく、空港へ車で向かう。道中で偶然にも目にしたのが「adidas円陣タクシー」だった。ブラジルW杯の日本代表のユニフォームを提供するアディダス社の「円陣プロジェクト」の一環として、同社と契約する日本代表の選手などが車体にプリントされているのだが、日本でわずか11台しか走っていない。

「めったに見られないタクシーをここで見られるなんて、運がいいのかな。これは、W杯までに復帰の可能性、あるかもね」
　同乗していた秋山に内田はそうつぶやいた。

リハビリの反動と、再発の不安

3月16日からはドイツでリハビリが始まった。

この時点での目標は、シーズン中に復帰することだった。

そのような目標を設定した理由の一つは、ドイツに帰ったばかりのタイミングで取材に来た記者たちに宣言した。

「みなさんはW杯までに日本代表のメンバーに入れるかどうかを気にしていますけど、やっぱり、オレはシャルケの選手だから。シャルケが許可してくれたからこそ日本に帰れたわけで、すごく感謝しています。W杯に間に合わせるかどうかではなくて、なるべく早く怪我を治し、今シーズンのうちにチームのために復帰したいと思います」

もちろん、W杯のメンバーに選ばれ、活躍したい。ただ、そのためにもW杯のメンバーが発表される前までにシャルケ04で試合に出られるような状態に戻さないといけないだろうな、とは考えていた。

代理人の秋山と復帰に向けた当時の大まかなプランについて相談すると、こう言われた。

「4月の末くらいまでにはシャルケでチームメイトと同じ練習メニューをこなせるくらいまでに回復して、『シーズン最後の2試合』のどこかで出られればいいね」

ブラジルW杯を戦う23人のメンバーの発表が予定されていたの

と向き合う日々

が5月12日で、シャルケ04のシーズン最後の2試合はそれぞれ5月の3日と10日に組まれていた。そこで試合に出られる状態にあれば、これまでの実績、チームへの貢献度の高さなども加味されて、W杯のメンバーにも選ばれるだろうというのが周囲の意見だった。

ドイツにわたってから日本にいたころより取り組むメニューは少しだけ軽くなったように感じたが、気が楽になったわけではない。ＪＩＳＳでのリハビリが仲間と励まし合いながらするものだとしたら、シャルケ04でのそれは孤独と向き合いながらするものだった。

この時期のリハビリのメニューは、一日に2回。朝の7時半にクラブハウスを訪れ、シャルケ04が提携しているリハビリセンターでメニューに取り組む。そして、昼食をはさみ、15時半ごろから、再びリハビリに汗を流す。日によってはグラウンドに出て軽くボールを蹴ることもあった。

ただ、その過程では、これまでに怪我をしたときとは決定的に異なる考えが頭のなかにあった。

「いつもは出来るだけ早く復帰するべきだと思っていました。でも、今回は焦ったらダメだと言い聞かせていましたね。再発したら、W杯に間に合わないので」

シャルケ04のドクターやトレーナー、日本代表の担当医からトレーナー、そして内田自身も含めて、毎日のように情報や意見の交換をした。試合でプレーできるようになるためには、リハビリや練習のメニュー、患部の痛み具合などについても細かく確認しなければいけなかったからだ。日本代表の池田浩ドクターなどは、実際にドイツまで足を運んで、怪我の状態をチェックしたり、シャルケ04のメディカルチームと話をしてくれた。

それを受けて、シャルケ04のスタッフは、シーズン最後の試合である5月10日のニュルンベルク戦までにベンチ入り出来ればW杯のメンバー入りに向けたアピールになるだろうと考えてくれ、そこまでに復帰出来るようなメニューを組んでくれた。彼らもまた応援してくれていたのだ。

さらに、4月にはヨーロッパでプレーする日本代表選手の視察に訪れたザッケローニ監督とも面会した。

「オマエの実力はもうわかっているから、焦らずにしっかり治してくれ」

そんな風に声をかけられた。これはどういう意味だろうか。監督はそれ以上のことは話してくれない。ただ、復帰を焦るあまり、再び同じところを痛めるようなことは避けるように、というメッセージのように感じられた。

もちろん、怪我さえ治ればW杯のメンバーに選ばれるという意味なのかどうかは、この言葉からはわからない。復帰するために全力でやることに変わりはない。ただ、第一に考えるべきは、再発しないように細心の注意を払うことだった。

一つだけ誤算だったのは、4月の末に痛みが大きくなったことだ。

このころには午前中はリハビリセンターで汗を流し、午後になるとグラウンドに出て、ボールを蹴るだけではなく、同じようにリハビリに取り組んでいたチームメイトのアオゴらと一対一の練習をすることもあった。

復帰が近づくにつれてトレーニングの量と強度を増やしたことで、その反動が出てしまったようだった。

「うーん……嫌だなぁとは感じていたけど、痛くなっても不思議ではない個所だったから、まぁそんなものかなと考えるようにしていましたね」

もちろん、一時的に強くなっていた痛みをごまかしながらもチームの練習に参加して、全てのメニューをこなしてしまうという選択肢もあった。しかし、再び同じ個所を痛めてしまうリスクはあまりに大きかった。患部が再び悲鳴をあげるようなことがあれば、終わりだ。あとには引き返せない。

ドイツや日本のメディアが復帰の時期を探ろうと、周囲をかぎまわっていたけれど、そんなことは気にしなかった。5月12日のメンバー発表まで残された時間は減っていき、足踏みするような状態が続いても、自分のペースを淡々と貫いた。

当時の状況について、秋山はこう回想している。

「痛みが再発したらペースを落とすのも仕方ありません。無理は出来ないですからね。それから、この時期には日本代表の候補となっていた選手のなかで、内田と同じように怪我からの復帰を目指している選手もけっこう多かったですよね。周囲からは『内田選手の状態が戻れば問題なくメンバーに選ばれるだろう』と声をかけてもらえることもよくありました。私自身、内田と同じように怪我からの復帰を目指している他の選手については『今は怪我をしているとはいえ、あの選手はメンバーに選ばれるだろうな』と考えられるんです。でも、不思議と自分の担当する選手のことになると、どうなるのだろうか、無事にメンバーに選ばれてくれるのかな、と不安に感じることも少なくなかったですね」

結局、痛みが引くまでは、患部にかける負担が減るようなメニューを組むことになった。同時に、5月10日のシャルケ04のシーズン最終戦までにベンチ入りする可能性はほぼ消滅してしまった。

つまり、2月に怪我をしてから、一度も実戦に復帰することなく、メンバー発表を迎えることにしようと腹をくくったのだ。

5月10日、シーズン最後の試合となったニュルンベルクとのホームゲームは、フェルティンス・アレーナのスタンドから観戦した。シーズン最後の試合だったために、試合後にはピッチに出てファンへ挨拶をした。およそ3か月ぶりに立った〝我が家〟は、想像していたよりも、少し暑かった。まだ寒さの厳しい2月に怪我をしてから、季節は初夏へと変わっていた。

ブラジルW杯日本代表メンバー

5月12日、メンバー発表が行なわれる14時少し前に飛行機が羽田空港に到着した。預けた荷物がターンテーブルに出てくるのを待っているとき、スマートフォンが鳴った。LINEにメッセージが届いた。清水東高校のサッカー部の同期のメンバーたちで作ったグループトークに投稿されたメッセージだった。

「メンバー入り、おめでとう！」

気の置けない仲間からのメッセージでメンバー入りを知ることが出来たのは、幸せだった。

「ザッケローニ監督に拾ってもらったようなものだよなぁ」

スマートフォンの画面を見ながら、そう感じた。
荷物を受け取ると、到着ゲートを出て、足早に迎えの車に乗り込んだ。席に腰を下ろして、最初に電話したのは2月に手術をしなくてもよいという診断をしてくれた香取ドクターだった。これまでのお礼と、無事にメンバーに選ばれたことを伝えた。電話をかけたことを聞いて、「律儀《りちぎ》だねぇ」と言う人もいたけど、当然だ。先生は恩人なのだから。

東京駅近くの丸ビルに移動して、メンバー入りの記者会見に臨んだ。そのあとには記者からの取材も受け、こう話した。

「前回のW杯のときに、僕と同じようにフィールドプレーヤーで出

に選出される

られなかった森本（貴幸）と岩政（大樹）さんの分まで頑張りたいです」

2010年の南アフリカW杯で日本代表は決勝トーナメント1回戦までの4試合を戦ったが、ゴールキーパーという特殊なポジションを除くと、1分たりともプレーする機会のなかった選手はわずか3人しかいなかった。自分の他に、先輩の岩政、後輩でありながら友だちのような関係でいる森本だった。ともに励まし合いながら、大会中の練習に取り組んでいた彼らの分まで頑張らないといけないと感じていたのだ。

「オレは2010年の経験を絶対に無駄にしたくない。あのときの経験を何が何でも活かさないといけなかった。だから、ああいう発言になったんです」

こうして、日本のサッカー選手のなかで23人にしか渡されないW杯のチケットをつかんだ。ただ、それは前回も手にしている。だから、周りの人たちは喜んでくれるけれど、自分は安堵《あんど》しただけだ。日本で一息ついてから、W杯でスターティングメンバーに選ばれ、活躍するための戦いがスタートすることになった。

4日間の自主トレ。そして、

「また遊びに来るわー」
　そう言ってＪＩＳＳを去ったのがおよそ2か月前のこと。W杯を戦う日本代表のメンバーの一員としてあの場所に笑顔で戻ってこられたのは、ちょっぴり嬉しくもあった。

　5月16日、W杯のメンバーに選ばれてから最初のトレーニングの舞台となったのが、ＪＩＳＳに隣接する味の素フィールド西が丘だった。この時期にはまだＪリーグの試合が行なわれていたので、ヨーロッパでプレーする選手のなかで所属チームのシーズンが終わっていた選手たちで合同の自主トレーニングに励むことになったのだ。シーズン終盤戦に怪我をしながらもメンバーに選ばれた、長谷部や吉田麻也も参加した。

　練習の前、母校に帰るような気分でＪＩＳＳを訪れた。
「一緒にリハビリをやってきた、サッカー以外の選手と会いました。今でも会いたいなと思う存在ですし、みんなの活躍も期待していますから。僕よりも重い怪我をしている選手もいるので、その（リハビリに励んでいる）姿を見ると、パワーをもらえましたね」

　以前から自分のユニフォームを欲しいと言っていた選手もいたので、ドイツから持って帰ってきたシャルケ04のユニフォームにサインを入れてプレゼントした。

　4日間にわたるトレーニングは、走り込みを中心としたものだった。気温が30℃近くまで上がることもあり、かなりハードなメニューだった。

そのなかでは他の選手よりも声を出していたつもりだった。もちろん、真面目なかけ声は長谷部に任せ、苦しいときにみんなをリラックスさせるような言葉を発するようにしていた。

また、このトレーニングの詳細は一般のファンに告知していなかったものの、噂を聞きつけたファンが日に日に増えていき、ついにはファンのためにスタンドを開放することになった。トレーニングが終わると、炎天下の中で観覧していたファンのためにサインをしてあげて欲しいと協会のスタッフからうながされたのだが、そこでも真っ先にスタンドへ行き、ファンが差し出すユニフォームや色紙にペンを滑らせていった。

何も特別なことではない。シャルケ04でプレーしていると、熱心なファンが毎日のように練習場に来て、サインや写真撮影を求めてくる。ファンの求めに応じるのには慣れている。

4日間の日程が終わると、1日のオフをはさみ、5月21日の朝には東京を離れ、鹿児島の指宿《いぶすき》へ移動した。

そこでは、リーグ戦がドイツよりも遅くまで行なわれていたイタリアやベルギーのリーグでプレーする選手たちも合流することになっていた。W杯を戦うメンバーが勢ぞろいして、大会への準備は本格化する。

AJINOMOTO FIELD
NISHIGAOKA

adidas
KIRIN

atsuto's VOICE
17.05.2014

日本代表ヨーロッパ組の合同自主トレ

――（記者）ダッシュをしたりしていましたが、かなり状態も上向きになりました?
「チームの練習に復帰していないですけど、復帰したらよくなると思うし。まだ、右足のほうが（筋力が）弱いので。ももの裏は同じ状態ですけど、ももの前はまだなので、そこは補強しながら強くしていきたいです」

――合同自主トレ以外にもトレーニングをしていますか?
「ここに来る前に昨日もやったし。このあとにも治療があります」

――上半身はたくましくなったのではないですか?　体重も増えました?
「でも、2、3kg（増えた）くらいです。デブになるのではなくて、筋肉もつけたいので。それで（感覚的に）重くならないように意識しています」

――怪我の再発を恐れないための練習もやっているそうですが、具体的には?
「恐れないためというか、どんどん練習をやっていければ怖さもなくなってくるはずです」

――これから対人の練習をやっていくと?
「まぁドイツでも、2対2や1対1の練習はやってきていたので、ある程度は問題ないかなと思いますね。今は、こういう練習（フィジカルトレーニング中心）なので、きついときは楽しくやった方が、乗り越えられますし」

――ということは、昨日も今日もかなりハードな練習をしているなという実感があると?
「そういう練習ですよ！」

――フィジカル面の強化はどうしようと考えているのですか?
「フィジカルコーチに任せているので。きつかろうが、軽かろうが、全部、耐えていきます」

――日本が勝つためには走力を武器にすることになると思いますか?
「どうなんすかねぇ……。日本らしいサッカーと言うけど、それが何なのか。みなさんはどう思っているのでしょうか……」

――やはり走力が大事になってくると?
「明日は『日本代表は走れる』というテーマの原稿を書くのですか?（笑）。ただ、CLでもブンデスリーガでも1試合でチームとして（合計で）120km走れるチームは強いと思いますし。連動していければ、そういう記録として残ります。結局、勝たないと意味がないので、そのためには走らないといけないし。そのために、今の練習がきついものになっているので。全部つながっていくと思う。いま、日本に帰ってきて、こうやって練習をスタートしているので、スタートでこけないようにしないといけないなと思います」

――試合でプレーするイメージは自分のなかで残っていますか?
「何年もサッカーをやってきましたし、3か月やらないくらいで忘れることはないと思う。試合数が多ければ疲労がどうのこうのと言われるし、試合をやらなければ試合勘がどうのと言われるけど、関係ないと思います」

――自主トレではどういうことを意識してやっている?
「人数が少ないなかで、スタッフの人も良いトレーニングを組んでくれていますし。お客さんも入って、見られていると思うなかでやるのも(テンションが)違うと思いますし。暑いなかでやるのも良いことだと思います。全部を良い方向に持って行ければいいんじゃないでしょうか。あと何日あるか(正確には)わからないですけど(笑)」

――どのくらいの時期までに試合に出られるような状態にしたいかなど、明確な目標を周囲に伝えたりしている?
「いや特にはしていないですよ。まぁ、話し合いながら、ですよね」

――午前中には2月からリハビリをしていた施設に行ったようですが、当時と感じ方も違いますか?
「一緒にリハビリをやってきた、サッカー以外の選手と昨日も会いました。今も会いたいなと思いますし。みんなの活躍も期待しています。僕はユニフォームもあげましたし。僕の怪我よりも重い……前十字靭帯を怪我した選手だったり、いろいろといるので。そういうのを見ると、パワーをもらえるというか。二度と怪我をして欲しくはないですけど、怪我はつきものですから。まぁ、怪我をしたらまた行けばいいし(笑)」

――ユニフォームをあげたのですか?
「新体操の選手ですね。シャルケのユニフォームを。足の甲が折れていたのが1人で、もう1人はリハビリ施設に練習場があるので定期的に来ているということで」

――普段、サッカーをしていると触れ合わない(他競技の)選手と触れ合うことで得られる刺激もありますか?
「ドイツに行って4年、日本に帰ってきて、W杯前に1人のスポーツ選手として、ああいう人たちと一緒にリハビリを出来たというのはすごく良かったなと思います。怪我をして良かったなとは思わないですけど、怪我をしなかったらあそこには行けなかったですし。それは、自分にとっては大きい。CLなどよりも自分の意識としてはすごく……自分はアスリートなんだという事実と向き合える時間だったのかなと思います」

——（プロの）サッカー選手は他の競技にかかわる選手と比べても恵まれているなと感じましたか?
「思いました。お金の面もそうですし、こうやって注目してくれるのも。まだまだ自分たちの頑張りが足りないのに、こういった環境はちょっと恵まれすぎているなと改めて思いましたね。自分の頑張りは、その環境に見合うものなのか、とも。他のマイナーなスポーツ……といったらあれですけど、決して大きな注目を集めていないスポーツの選手のなかには、自分よりも大きな怪我をしているのにもかかわらず、頑張って、毎日リハビリをしている人がいた。その姿を見ると、やっぱり、心を打たれるところが大いにありました」

——長谷部選手は怪我をする前よりも一回り大きくなって帰ってくることが目標だったと話していましたが、内田選手のなかにもそういう思いはありました?
「そうですね。身体つきもそうですけど、スポーツ選手って何なのかな?　と考えるようになりましたし、意識の面でも、少しずつね。リハビリ施設に行ったことで意識は高くなっていると思います。スポーツをして、ご飯を食べられると」

——一緒にリハビリをした他の競技の選手にもW杯で復活した姿を見せたい?
「そうっすね。怪我は4年間やってきたので、この3か月だけの話ではないですけど、怪我をして、僕の足を検査して治してくれる人もいるし。W杯で勝ちたい理由は、一つだけじゃない。自分だけのためじゃないし。そういう人たちのためにもね」

——スポーツ選手ってどういう存在なのかなと思いました?
「なんなんですかね。わからないです」

——今感じているW杯で勝つことの意義については、4年前にはあまり想像していなかったもの?
「なんなんですかね。前よりも責任感があるというか。そんな感じですね」

——4年前には見えていなかったこともある?
「（あの時から）もう4年間やってきたわけですから。W杯だからとか、変に力むべきではないのかなと思います。そういうレベルでやってきた自信もあるし。CLはすごいレベルも高かったし、普通でいいと思います」

——CLに出ているのに、W杯に出られない選手がシャルケ04のチームメイトにはいますが、彼らと話をしたりは?
「まぁ（シャルケの右サイドで）相棒の（ペルー代表の）ファルファンとかは、W杯の南米予選はすごく大変ですし、本当に自分は恵まれているなと思います」

21.05.2014 - 25.05.2014

指宿での5日間にわたるトレーニングは、初日と5日目をのぞいて、午前と午後の2回にわたって行なわれた。かなりハードだった。いずれの練習も、最初の15分間だけ報道陣に公開されたが、それ以外は全て非公開だった。

「非公開だから、内容は明かせませんよ。ここまで来て、怪我しても良くないですからね。焦らずにやりますよ」

当時はそのように語ったが、実際は戦術の確認から、走り込みなど身体に負荷のかかるものまで練習メニューは多岐にわたった。5月21日、内田がチームに課されたメニューの全てをこなしたのは、2月9日のハノーファー戦の前日に行なわれた練習以来のことだった。また一歩、前に進んでいることを実感できた瞬間でもあった。

また、実戦を想定した練習ではこの時点でスターティングメンバーの候補と見られるチームに組み込まれることも多く、ザッケローニ監督からの信頼を感じた。ここで無理をするべきではないけれど、自分がしっかり戦える選手だというところを見せていかないといけないと考えていた。

「怪我のせいで試合に出られていなかったので、W杯前の3つの練習試合に出て、『内田はちゃんとプレーできるんだな』と監督に感じてもらわないといけない。ただ、それがしっかりできれば、(W杯では)スタートから使ってくれるんじゃないかな」

日本代表指宿合宿

W杯までには3つの練習試合を控えており、そのうちの1試合目が5月27日に埼玉スタジアム2002で行なわれるキプロス代表との壮行試合だった。

5月25日の午前中に指宿でのトレーニングを終えると、慌ただしく東京へと移動。国立代々木競技場第一体育館で行なわれた日本代表の壮行会にも参加した。そして、翌日に埼玉スタジアム2002で行なわれた公式練習で、キプロス戦に備えることになった。

atsuto's VOICE
21.05.2014

指宿合宿@指宿いわさきホテル練習場

――ようやくチームと一緒にやれるようになりました?
「非公開だから、内容は明かせませんよ。今日、僕が加わったのか加わっていないのかは……」

――以前から疑問に思っていたことがあるのですが、怪我をしたハノーファーとの試合ではものすごく調子が良いという感覚があったのでは?
「いや、身体のキレはすごく良かったから。その分だけ、いっちゃったんだよね、筋肉が」

――相手選手の股の間にボールを通した後に、痛めたわけですよね?
「そうそうそう。別にあんなところで行かなくても良かったんだけどね。2-0で勝っていたし」

――頭の中のイメージのほうが先に行っていたと?
「いや、岡田さんが来ていたから、あのときは(笑)。それ以外にないよ、理由は」

――良いところを見せたいなと?
「そうそうそう」

――ただ、その2試合前のハンブルガーSVとの試合でもちょっとのところでつなごうという意識もあったのでは?
「もうギリギリのところでつなげたら楽だもん」

――そういうイメージが年明けからあったのですか?
「それは常に思っているけど、相手の足を30㎝だけでもかわして、パスを通せたら、(その先) 40m、50mつながるんだから。すごい楽ですよ」

――今年に入ってからはそれをやろうという気になっていたと?
「いや、いつも思っていますよ、ポゼッションは。モチベーションが高かっただけだよ、あの試合ではね」

――(指宿)合宿での狙いは?
「練習に一生懸命取り組んで、あとはたぶん2部練習とかあるので、怪我をしないようにしていますけど。一生懸命やれればいいんじゃないですか、難しく考えずに」

atsuto's VOICE
24.05.2014

指宿合宿@指宿いわさきホテル練習場

――(イングランド・プレミアリーグの)アーセナルが内田選手に興味を持っているそうですが?
「いや、何も知らないですよ。仮に話があったとしても話さないですよ(笑)」

――練習の雰囲気はどうですか?
「僕らはちゃんとやっていますから、集中して。人数がそろって、再スタートというかね。あと1日ですけど、明日の午前中。しっかりやれればいいんじゃないですか」

――27日の試合にも出られそうなイメージですか?
「いやいや、練習は非公開なので(笑)」

――怪我の回復具合は?
「ドクターと話し合いながらですね。足は良い感じなのでね」

――先発で行けと言われたら?
「話し合います」

――実戦復帰に向けて、はやる気持ちもあるのでは?
「ここまで焦らずにやってきましたから。ここまで来て、怪我しても良くないですからね。焦らずにやりますよ」

――少しでもいいから、実戦をやってアメリカに行けたらいいのでは?
「自分のコンディションもそうだし。チームとしても、お客さんを入れて試合をやるとだいぶ変わってきますから。(W杯前)残り3つの試合ですけど、大事にしたいですね」

――4年前の国内最後の試合では怪我で欠場しましたが、当時と比べると?
「練習もしっかり出来ているので、普通な感じでいきたいです」

YAMAGUCHI
adidas

KIRIN CHALLENGE CU
ISON CARD
長谷部

27.05.2014　日本代表対

5月27日、試合の2時間半前に行なわれたミーティングで自分の名前がスターティングメンバーに入っていることを確認した。ついにお客さんの目の前でプレーすることになる。プロとアマチュアの違いは、お金を払って試合を見に来てくれる人がいるかどうかだ。そして、自分たちの戦いを見るためにお金を払ってくれる人たちがいるからこそ、しっかりプレーしないといけない。それはいつも自分に言い聞かせていることだ。

もっとも、3か月にわたるリハビリを経て初めての試合に臨むからといって、特別に緊張するタイプではない。いつも通りに淡々と準備をするだけだ。ただ、長いリハビリのなかで自分のために時間や労力を割いてくれた人たちへの感謝を、ゴールやアシストなど、目に見える形で表現できたらいいなと考えていた。それはもちろん、この試合で長い時間プレーすることはないと思っていたからだ。

「事前に監督から特別に何かを言われていたわけではなかったので、どれくらいの時間プレーするかはわからなかった。ただ、いきなりの実戦で90分やることはたぶんないだろうし、なんとなくではありますけど、45分間くらいは与えられるのかなと思っていました」

19時半にキックオフした試合で、最初のタッチはディフェンダーの選手らしく守備の場面でやってきた。

キプロス代表

前半3分、相手のFWであるエフレムが日本の右サイドの低い位置でドリブル突破をしかける。これについていくと、エフレムが上げたクロスをブロックした。

6分には山口蛍のパスを受けて、攻撃で初めてボールに触れる。前方の岡崎慎司へパスを送ろうとしたが、これは相手にカットされてしまった。

「いつもだったら、逆サイドにいる（香川）真司くらいまで見えるんですけど、今日は近場の人しか見えなかった」

試合後に語ったように、この日の試合ではまだベストな状態だったわけではない。ただ、本来のプレーが出来るように、このような練習試合が組まれているわけだ。焦りもなかった。

もっとも、守備ではある程度の手ごたえもあった。
例えば、前半の20分。日本の右サイドに転がったボールにエフレムが反応するが、内田は素早く追いつき、相手とボールの間に身体を入れてブロックしてマイボールにしてみせた。

「ああいうところで負けずにマイボールに出来たら後ろの選手たちも自分もすごく楽だし、次のプレーにもつながる。やっぱり、自分がバランスをとっている分、ああいうところでさっくりと負けてカウンターを食らうとチーム自体が上手く機能しなくなるので、止めるところは止めないといけないと思います」

この試合で、最大の見せ場となったのは前半43分だった。
山口のパスを受けた岡崎がペナルティーエリアに浮き球のパスを送った。香川がこれを受けてシュートを打ったが、ディフェンダーにブロックされてしまった。ボールが、こぼれる。

ゴール前につめていたのは正解だった。右足で打ったシュートは、一度はブロックされてしまう。しかし、跳ね返ってきたボールを素早く右足で振り抜くと、ＧＫの脇を通り抜けてゴールが決まった。2008年6月22日のバーレーン戦以来、二度目となる代表でのゴールだった。

ゴールを決め、山口と軽くタッチをかわしたあとは、夢中で走っていた。向かう先は、日本代表のベンチだ。ザッケローニ監督とタッチしたあと、前田弘トレーナー、池田浩ドクター、早川直樹コンディショニングコーチと抱き合った。

「高い位置まで行き過ぎましたけど、何回もあそこでこぼれているのを見ていましたから。（残された）時間もあまりなかったし、トレーナーの前田さん、池田ドクター、コンディショニングコーチの早川さんのために、ゴールを狙っていました」

メディアを前にして、そのように語ったのにはもちろん理由がある。日本代表の選手の動向は常に話題にあがる。しかし、選手たちがピッチに立つことが出来るのは、スタッフの助けがあるから。しかも、怪我をしてから、日本代表の他の誰よりも手間と迷惑をかけ

23
2
2
9

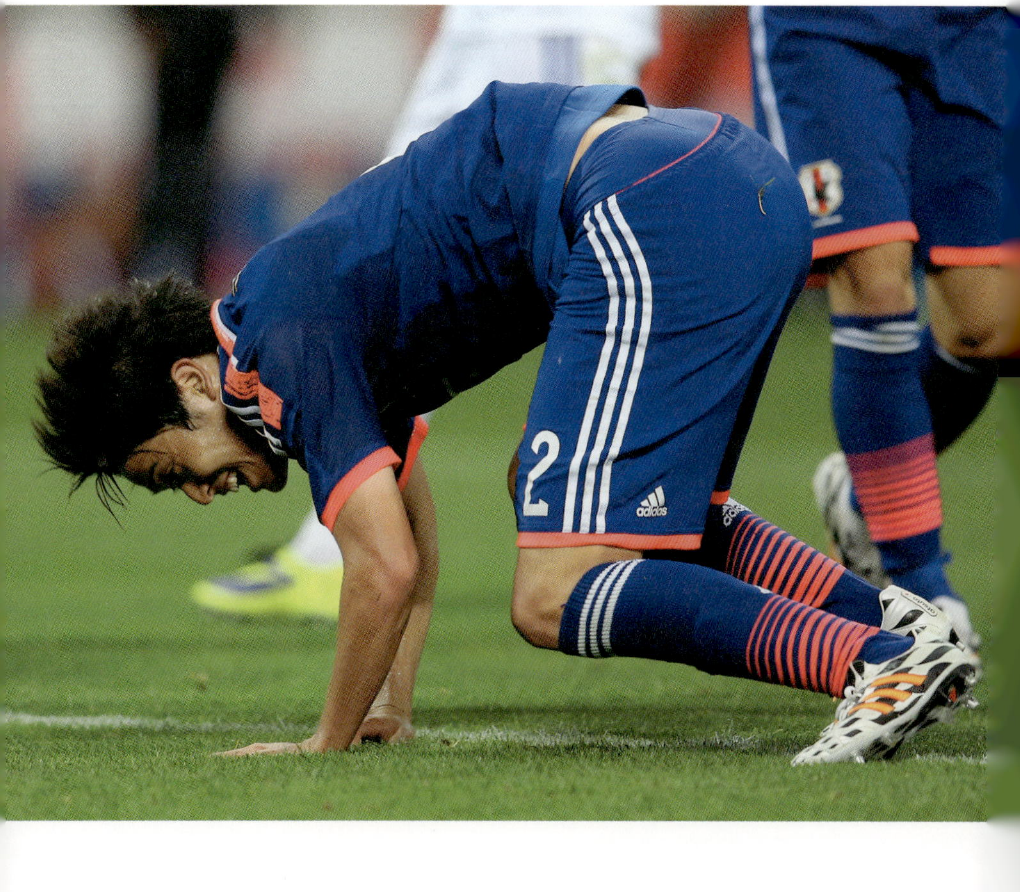
2
adidas

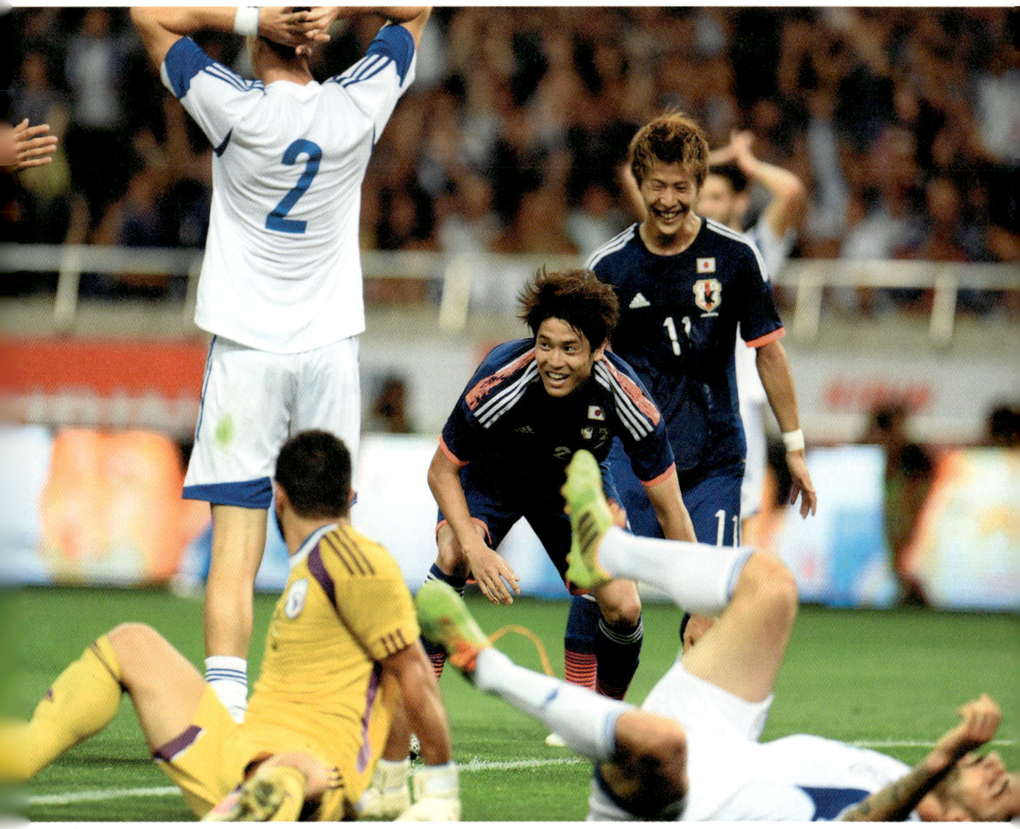

KIRIN

KIRIN
LOVES
SOCCER

てしまったのは自分だという思いがあった。だからこそ、世の中にわかりやすい形で彼らの存在をアピールしたかったのだ。ディフェンダーの一員でありながら、ゴールを狙う。自分のアピールのためではなく、自分を助けてくれた人たちのためだった。試合後に熱を込めて語ったのも、リハビリをサポートしてくれたスタッフみんなへの感謝の気持ちからだった。

「みなさんとは、どういう練習をして、どれくらい回復したのかなど、怪我をしてからほぼ毎日のように連絡をとっていました。池田先生はドイツに来て治療してくれましたし、シャルケのクラブハウスに来て、シャルケのドクターやフィジカルコーチとも話をしながら、確認作業をしてくれました。だから、シャルケに戻ってから安心して練習に取り組めたんです。もちろん、僕をサポートしてくれたのは3人だけじゃないですけど、あの3人の存在はすごく大きかったですね」

キプロスとの試合をスタンドから見守っていた秋山の目には、このときの内田に何が出来て、何が出来ていないかが、くっきりと映っていたようだ。

「内田がサイドバックとしてピッチを上下に移動できるかどうかは、フィジカルコンディションの問題になってくると思うのですが、それはあの段階である程度クリアになっていました。だから、他のところに注目していました。

内田のプレーがどのような状態なのかを個人的に判断する基準が

いくつかあって、その一つが、彼が攻撃のときに縦に入れるパスなんですね。例えば、そのパスが相手チームの選手に引っかかってしまうか、そうではないか。それが一つのバロメーターです。4年前に彼がシャルケに行った直後もそうだったのですが、対戦相手のレベル、例えばスピードやプレッシャーの質が上がると、それ以前よりもパスが相手の足に引っかかってしまうことが多くありました。キプロス戦でもそういう場面が、普通の状態と比べれば多いのかなと思って見ていました」

この試合で3か月半ぶりにピッチに立った内田が怪我する前と比べて、上半身が一回り大きくなっているのはスタンドから見ると、一目瞭然だった。

「ゴツくなったんじゃない？」

この試合を見に来てくれた知人からもそんな声をかけられたのだから。実際、体重は2、3kg増えていた。痛めた右足の筋肉が少し落ちていることを考えると、上半身はかなりパワーアップしたことになる。ただ、以前よりもたくましくなった身体を使いこなすための微調整が必要になる。

秋山はこう話している。

「身体が大きくなったのはもちろん、リハビリと筋力トレーニングの成果です。ただ、以前よりも上半身の筋肉が増えることで感覚が若干ズレたのだと思うんです。

ピッチの上でサッカーをすることが中心の毎日を過ごすことで、今度は下半身の筋肉がさらに付いてきて、上半身は少し落ちてくる。そうやってフィットしていくのだろうなと考えていました。キプロス戦ではゴールをとったことで、本調子のときと比べて若干は不安定だった部分が上手く隠されたところはあったと思います。及第点と言えるようなプレーをするのが難しいなかで、逆に点をとりに行った。まぁ、そのあたりのスマートさは彼の武器なのかなと感じましたね」

怪我をする前の状態に戻ったと言うことなど出来ないけれど、ゴールも決めて、それなりの体裁は整えられた。

「ターンだったり、細かい部分を言えば（本調子なら）身体の力がもっと入るな、と感じるところは何回かあったと思いますよ。45分間でしたけど、3か月半ぶりの試合である程度やれて、ホッとしています」

試合を終えて、ロッカールームに戻るとザッケローニ監督がみんなに向かって、こう声をかけてくれた。
「思い切って遊ぶように！」
試合の翌日から1日半はゆっくり過ごすことが出来た。

やっぱり、オフっていいなぁ。
右足のケアをしながら、しみじみと思ったことはよく覚えている。

2014 KIRIN CHALLENGE CUP

27.05.2014　埼玉スタジアム2002

日本	1	1	0	0	キプロス
		0	0		

日本		キプロス
ザッケローニ	監督	クリストドゥル
内田（43分）	得点	
岡崎🟨	警告	
内田→酒井宏（46分） 今野→吉田（46分） 遠藤→長谷部（46分） 柿谷→大久保（58分） 岡崎→清武（70分） 長友→伊野波（79分）	交代	キリアク→ルシアス（54分） ラバンブナイル→ドブラシノヴィッチ（65分） E. ハラランブス→バシリウ（70分） ミティディス→ソティリウ（72分） ニコラウ→アレスティ（83分）

直前に主力が離脱したキプロスが守備的に戦ってきたことに加え、日本の選手たちは指宿キャンプの疲労の影響で動きが重く、思うような戦いが出来なかった。相手の攻撃に手を焼く場面はあまり見られなかったが、効果的な攻撃は繰り出せないまま。そんななかで、内田のゴールでどうにか勝利をつかみ、W杯前の国内で行なわれた最後の試合をしめくくった。

atsuto's VOICE
27.05.2014

日本代表対キプロス代表戦@埼玉スタジアム2002

——実戦の手ごたえはどうですか?
「もう少し……ターンだったり、細かい部分を言えば(本調子なら)身体の力がもっと入るな、と感じるところは何回かあったと思いますよ。45分間でしたけど、3か月ぶりの試合である程度やれて、ホッとしています」

——序盤にルーズボールの競り合いで、相手選手に身体をぶつけてしっかりブロックしたあとでマイボールにして、味方につないだ場面がありましたが?
「ああいうところで負けずにマイボールに出来たら後ろの選手たちも自分もすごく楽だし、次のプレーにもつながる。やっぱり、自分がバランスをとっている分、ああいうところでさっくりと負けてカウンターを食らうとチーム自体が上手く機能しないので、止めるところは止めないといけないと思います」

——先発で出るということで怖さを感じたりは?
「事前に監督から特別に何かを言われていたわけではなかったので、どれくらいの時間プレーするかはわからなかった。ただ、いきなりの実戦で90分やることはたぶんないだろうし、なんとなくではありますけど、45分間くらい与えられるのかなと思っていました」

——途中出場よりも先発だったことで収穫もありましたか?
「途中から出て、やっぱりダメでしたというのは交代枠も使ってしまうし、あれなので……。ブラジル行ってから怪我するよりは早いうちに怪我するほうがいいので」

——どのタイミングでスタメンを告げられたのですか?
「普通にミーティングのときに名前があったので、『あぁ、スタートからか』と思いました」

——ゴールシーンではゴール前に入っていきましたが……
「高い位置まで行き過ぎましたけど、何回もあそこでこぼれているのを見ていましたから。時間もあまりなかったし、トレーナーの前田さん、池田ドクター、コンディショニングコーチの早川さんのために、ゴールを狙っていました。(出場は) 45分かなと思っていたけど、時間はどんどん少なくなっていたので、それがたまたま当たりました」

——長い時間の出場ではなさそうだからこそ、思い切って前に行こうという思いがあったのですか?
「バランスは上手く見ようと思っていましたけど、45分かなという意識はあって、そのなかで1点決めてベンチに行かなきゃという思いがあったので」

——内田選手自身も嬉しいでしょうが、そうしたコーチングスタッフも喜んでくれていたのでは?

「みなさんとは、どういう練習をして、どれくらい回復したのかなど、怪我をしてからほぼ毎日のように連絡をとっていました。池田先生はドイツに来て治療してくれましたし、シャルケのクラブハウスに来て、シャルケのドクターやフィジカルコーチとも話をしながら、確認作業をしてくれました。だから、シャルケに戻ってから安心して練習に取り組めたんです。日本では本当に頼りきりだったので、何かしないといけないと思っていて」

——シャルケに池田ドクターが来たのですか?

「そうですね」

——内田選手にしては珍しく素直に喜んでいたのでは?

「はい。もちろん、僕をサポートしくれたのは3人だけじゃないですけど、あの3人の存在はすごく大きかったですね。選手はスポットライトをあびて自由にやらせてもらっているわけですけど、ああいう人が時間を削って、僕たちのためにやってくれている。サッカー選手だけではなくて、JISSで頑張っているアスリートが何人もいて、そういう人がいることを感じられましたし」

——後半、スタンドにむかってユニフォームを投げ入れていましたが?

「友だちが来ていたので」

——今日の試合ではパスを相手に取られる場面がありましたが、ああいうシーンでしっかりとつなげるようにしたいと?

「もう少し、場慣れしてくると、遠いFWとかも見えてくるんですけど。(今日のところは)良いんじゃないですか」

——もっと実戦で経験をつめば、視野も広がり、遠くにいる選手の位置も視界に入るなという感覚があります?

「そうだとは思いますね。どうしても、今日は、ボールを抑えてというか……。いつもだったら、逆サイドにいる(香川)真司くらいまで見えるんですけど、今日は近場の人しか見えなかった」

——大会前に残された2試合できっちりと自分のなかで間に合わせられるという自信があると?

「一応、45分間やって、今のところリバウンドもなく出来ていますし。このままいけば、問題ないのかなと思っています。もちろん、この先に何があるかはわからないですけど」

――45分間にわたりプレーして、体力面での感覚はどうですか?
「指宿(の合宿)でだいぶ上げて、こっちに戻って来てやっている割には、まぁまぁ(悪くないの)だと思うので。頭が疲れなければ。僕はそういうタイプ(フィジカル型)ではないからね」

――4年前にプレーしていた鹿島ファンへの想いは?
「今日のスタジアムでも鹿島時代の僕のユニフォームを着て、応援してくれていた人もいたし。ドイツに行っても鹿島の試合は見ていますし」

――感謝を形にしたのがゴールだったというのはどういう意味を持つのでしょうか?
「一番わかりやすいのはゴールしかないから」

――代表ではこれまで1ゴールしか決めていなかったですが……
「それが一番わかりやすいし、実は狙っていたし」

――ひそかにゴールを決めると宣言していたのですか?
「いや、宣言しているとたぶん出来ないので……」

――4年前の壮行試合と比べると?
「4年前は4年前だし、今日は今日だし。あと少し(でW杯)ですけど、そのなかでも、山あり谷ありで、いろんなアクシデントがあると思いますけど、動じずに出来ればいいなと思います」

――再発の危機についても開き直っているようですが?
「いや、むこうに行ってから怪我して消えるより、早めに消える方がいいでしょう(笑)。また治してくれる人がいるし、心配せずにやるだけだと思います」

――今日の試合で恐怖心も取れたかなと?
「やっぱり、お客さんが入っていたのは、(これまでの練習とは)だいぶ違いますよね」

adidas
JFA
JAPAN
2
CÔTE D'IVOIRE VS JAPAN
14 JUNE, 2014
RECIFE

29.05.2014　アメリカ・

大好きな日本とも、しばらくお別れかぁ。少しさみしく思いつつも、また少しW杯が近づいていることを実感していた。

5月29日、他の選手たちと同じように成田空港へむかった。次に日本に帰ってくるのは、W杯が終わったときだ。むかう先はアメリカの東海岸。そこで大会前の最後のキャンプが行なわれることになっていた。

20時に成田空港を出て、タンパ国際空港へ。15時間近くにおよぶフライトだったが、今回はチャーター便で、乗り継ぎもなく、ゆとりのあるシートが用意されている。飛行機で長距離移動を強いられるときには決まって、移動の疲れについて記者から聞かれる。でも、10代のころは年代別の日本代表の試合であっても、狭い席に押し込まれて、移動するのが普通だった。あのころに比べれば、とても快適だ。移動は疲れるなんて、言うつもりもない。

日付変更線をまたいだため、アメリカに着いたのは現地時間で5月29日の21時ごろだった。そのあと、タンパからバスに乗り継ぎ、現地時間の深夜にクリアウォーターのホテルに到着した。

翌朝にはアメリカの中でも有数のビーチリゾートにある海岸が高級ホテルから見渡せた。ビーチ沿いを散歩しても、日本にいるときみたいにファンに囲まれることもないし、ストレスを感じることもなかった。

アメリカでの生活リズムは一定のものだった。

タンパへ

毎日、11時半からホテルの宴会場で、7、8人の選手が順番に取材を受ける。2つの練習試合が組まれていたが、試合までの間隔はいずれも3日間。それぞれの選手は、試合前日を除いた1日だけ取材エリアに行くことになる。11時半からの取材タイムが終わると、昼食をはさんで、トレーニングが行なわれる。練習は毎日17時からで、最初の15分だけメディアに公開されていた。

5月31日、アメリカで二度目の朝を迎えたときに、現地で初めて取材を受けることになった。記者の興味の大半は、怪我の再発の危険性や久しぶりの実戦に取り組んだことで疲労がどれくらいのものなのか、についてだった。一つひとつの質問に丁寧に答えていく。

「試合が終わったから、疲れも多少はあります。怪我から復帰したらよくあることだから、あわてないですね。想定内という感じです。どうしても痛みをかばってしまうので。ただ、怪我なく再発せずに出来たというのは、一歩踏み出せたかなと思いますけど」

また、この日は攻撃の中心とされる左サイドと、自分のいる右サイドについての質問も受けた。
「右サイドと左サイドが同じように攻めることがバランスの良さだとは別に思っていないです。左からの攻撃にかたよるのなら、それがチームのバランスだと思います。こっちのサイドはなるべく、2タッチとか1タッチでつないで、逆サイドにいる、持ちたい人にボールを持ってもらう。ボールを取られたらこっちのサイドが戻りますし。前の選手に存分に好きにやってもらいたいと思います。カバーはしっかりとしますから」

日本代表の攻撃は左サイドを中心に組み立てられていた。左サイドバックの長友佑都に左ＭＦの香川という攻撃が得意な選手がいるからだ。左サイドで攻撃を組み立てて、センターフォワードの他に、本田圭佑や右FWの岡崎がゴール前に入って点を決めるのが日本の得点パターンだ。だからこそ、岡崎はザッケローニ監督のもとで最も多くのゴールを決めていたんだろう。

左サイドが前がかりになるからこそ、右サイドの守備的なポジションにいる者としては、どうしてもバランスをとる作業に意識を割くことになる。例えば、シャルケ04で右サイドの攻撃的なポジションを務めるファルファンに対しては「守備のことは気にしないでいいから、攻撃に専念してね」とよく伝えている。だからこそ、彼の攻撃力が存分に活かされるし、彼とのコンビネーションが辛口のドイツメディアからも評価されているのだ。

「裏で糸を引いているような黒幕的な存在でいい」
かつてそう語ったこともあるけれど、地味な役回りを進んで引き受けるのは嫌いではない。

アメリカに入ってからの練習でも、実戦を想定したメニューではいわゆる主力組に割り当てられることが多かったため、この調子で続けていければ、おそらく次の試合でもスターティングメンバーに入るのではないかと予想していた。

atsuto's VOICE
31.05.2014

アメリカ合宿@クリアウォーターの宿泊先取材エリア

——疲れはどうですか?
「試合が終わったから、疲れも多少はあります。でも怪我から復帰したらよくあることだから、あわてないですね。想定内という感じです」

——筋肉に疲労が残っているということですか?
「疲労というか、どうしても(怪我をした部分を)かばっちゃうので」

——キプロス戦でもかばっていたのですか?
「いや、意識はしていないんだけど、たぶん(自然に)なっちゃうんだろうね。そうなって良くなっていくから、かばっているんだろうね」

——次の日の筋肉の張り具合でかばっていたことに気がつくのですか?
「それもあるし、試合中に1か所だけ張ってきたりとか、乳酸たまってきたりとかがわかるから。気にしていない。それが普通」

——かばっていることを忘れてプレーするときも?
「試合中はボールと人がいると、どうしても身体が勝手に動いてくるんで。ただ、怪我なく再発せずに出来たというのは、一歩踏み出せたかなと思いますけど」

——では、次の二歩目、三歩目は?
「練習でやっていくんじゃないですか。非公開ですけど、けっこう……良い練習が出来ているので。そういうなかで恐怖心も消えていくし、身体も出来上がっていくしね。再発だけ(気にして)」

——キプロス戦では左サイドで長友選手が上がっていくシーンが目立ちましたが、ときおり内田選手が右サイドを上がっていくと効果的なのではないですか?
「右サイドと左サイドが同じように攻めることがバランスの良さだとは別に思っていないです。左からの攻撃にかたよるのなら、それがチームのバランスだと思います。こっちのサイドはなるべく、2タッチとか1タッチでつないで、逆サイドにいる、持ちたい人にボールを持ってもらう。ボールを取られたらこっちのサイドが戻りますし。前の選手に存分に好きにやってもらいたいと思います。カバーはしっかりとしますから。その代わり、しっかりやってもらいたいです。戻るのはオレです」

——右サイドからの攻撃は『一撃必殺』というイメージなのでしょうか?
「いやいや(笑)。オレはもう、上手く守りながら。あれだけ攻めて、カウンターでゴール前まで持って行かれるシーンもあまりないので。最初、ちょっと行かれましたけど。そこら辺はピンチになる前に相手をつぶしたり、ボールをカットできている証拠ですし。連続して攻撃できるので。センターバックなり、僕たちが、ボールをすぐに取れればね。だから、ハーフラインより前でずっとゲームが出来る状態にあるときは、チーム状態が良い証拠になります。後ろのマネージメントも出来ているということだから」

――シャルケ04ではチームの中でもボールタッチが多いですが
「シャルケでも代表でもチームのやり方は違いますし、どちらが良いとか悪いとかじゃなくて、ボールが回ってきたら回すし。ボールポゼッション、回すことに関しては、不得意だと思ったことはないし。シャルケでもボールをそれだけ回してくれるのは、言葉をそんなにベラベラしゃべるわけじゃないのに、信頼してくれているから僕に回してくれて、ファルファンと組んでやれているので。代表でも別に回ってきたら回しますけど、上手く……任せますけどね」

――代表では相手のカウンターを止めたあと、その次の一手のパスに意識を向けている?
「ボールを奪った瞬間に一番前まで見られればいいですけど、むこうのレベルも上がってくるとそういうチャンスも少なくなりますし。うーん……ホントに、レベルが高いとチャンスになる前に全部つぶし合うような展開……。見ていて、つまらないかもしれないけど、なんだろな……変な意味で楽しくなる前に全部終わっちゃうような試合は(選手は)やっぱりちょっとしびれるというか。やっている側としては、気の抜けない、面白い試合です」

――キプロス戦のゴールは特別な思いがあるようですが、W杯で似たようなシチュエーションになったときはリスクを冒して前に行きますか?
「どうですかね。そこは難しいかもしれないですけど、(キプロス戦は)残り時間も少なかったですし、点をとってベンチに行こうと思っていたので、あえて、点をとりに行ったから。W杯は堅いからね。CLとかよりも、堅いんじゃない?」

――プレッシャーが厳しい展開のなかで、ボールの置き方についてはこだわっているのですか?
「どの国のチームもだいたい、ボールの追い方、取り方というのは、サイドバックに出させてそこにみんなで(奪いに)行こうというのが今のサッカーの主流かな。そこで簡単に取られるようなサイドバックだとちょっときつい。ゲーム運びというか……ガンガン縦に行くようだと自分が縦のスペースをあけちゃうので難しいです。自分がそこにいつつも、ボールを一緒に運べるような選手がいいですね。(バイエルンの)ラームとかはすごく上手いし。ただ前に行って、後ろをあけて戻れないというのはちょっと違うかなと自分のなかで考えているので。ゴールからどれだけ遠い位置でもらっても自分と一緒にボールを運びながら前に行ける選手というのは確実性があっていいなと」

――W杯が堅いというのはなぜですか?
「だって、CLの方が派手さがないですか? インパクトがないですか? CLの方が自由というか、夢があるね。それはW杯にもあるか(笑)」

――ホテルでは何してる?
「ホテルで……何してるかな。散歩……」

――痛めた右足の膝の周りの補強のトレーニングはしていますか?
「まぁ少しずつ……」

――リラックスルームは?
「行きます、一応」

02.06.2014　日本代表対

6月2日、NFL（アメリカンフットボールのプロリーグ）のタンパベイ・バッカニアーズが使用している、レイモンド・ジェームス・スタジアムでコスタリカとの試合が行なわれることになっていた。キックオフは21時。W杯の初戦でコートジボワールとの試合が22時という、遅い時間に始まることを想定してのものらしい。

試合前に先発の11人が発表される。前回と同じように、ホワイトボードにはUchidaと書かれていた。前の試合では前半の45分間の出場に終わっていたが、この試合では60分間ほど、つまり後半の15分ごろまでプレーさせるつもりだと監督から伝えられた。

「最初の試合であるキプロス戦はともかく、アメリカに入ってからの2試合では、本番で通用するな、と思わせるようなプレーを見せないといけない」

先発だと知ったときには、そのように考えた。
なお、この試合で右サイドのＭＦで先発したのは、このポジションでプレーすることの多い岡崎ではなく、大久保嘉人だった。

相手の左ＭＦが上がってきた場合には食い止めるのがサイドバックの仕事であるのは当然のことだが、その背後から相手の左サイドバックが上がってきたときには、どのように対処するかについて、試合前に大久保と話し合った。

「この代表チームの右サイドでプレーするのは初めてなんだよ」

と大久保から聞かされたので、こう答えた。

「後ろのことを気にして無理に戻らなくても大丈夫ですよ」

大久保の魅力は攻撃でこそ活きると考えているからだ。

「ボールを簡単には奪われず、キープできる。だから、サイドバックの自分としても前に上がるタイミングがつかめる。サイドから斜めに入ってくれて、点もとれる選手ですからね」

そんな大久保はザッケローニ監督が就任してからW杯のメンバー発表までの間に、わずか一度しか代表でプレーしたことがなかった。それゆえにサプライズでメンバーに選ばれたと言われていた。サプライズであるかどうかはともかく、彼の選出については内田は嬉しく思った。

「個人的には嘉人さんがメンバーに入って良かったなと感じました。どちらかというと優等生と言われる選手が多い代表に、野性的な選手というか、暴れん坊みたいなタイプの嘉人さんが入るのは良いことだと思いましたから」

この試合では、サイドでキープして、サイドバックの上がる時間を作り出してくれる大久保が入ったこともあり、様子を見ながらプレーしていたキプロス戦では取り組めなかったことにトライするのも一つのテーマとした。

「キプロス戦の前半の初めのうちは特に、抑えていた部分があっ

JAPAN
2
adizero
2

adidas
2

て、前に上がる回数は少なかった。嘉人さんもいたし、そこにパスを出すとどうなるかというのを見つつ、前に行こうかなと考えていました」

実際、この試合の前半には右サイドの大久保がボールを受けて、そこを起点にして攻撃をしかけるような展開が目立っていた。そのおかげで高い位置でボールを受けられるシーンもあったし、逆に、敵陣の深いところまで走っていき、相手チームの選手たちを引きつけ、大久保へのマークを軽減させるようなことも出来た。

しかし――。

前半31分に失点に絡んでしまった。相手の左サイドバックのディアスが、高い位置でボールを受けた。そこでボールを奪いに行ったが、ディアスは素早く後方の味方へボールを落とし、サイドのスペースへ走り出した。最初の段階でボールを奪いに行った分だけ、スペースに走り出した相手についていくのが遅れてしまう。ディアスがサイドの高い位置からクロスを入れ、それをファーサイドでルイスに押し込まれ、先制点を許してしまった。クロスを上げたディアスは、ブンデスリーガのマインツに所属しているから、対戦したこともあったのだが……。

「彼がマインツの選手だというのは知っていたので、ボールを取ってやろうとして、いつもよりも1、2m前に行っちゃいました。そのあとはモリゲ（森重真人）がいくのか、オレが行くのか、迷ってしまい、オレ自身の動きが止まってしまったかな……。ただ、反省はするけど、あまり気にしていないです」

これまでの日本代表では右のセンターバックに吉田が、左に今野泰幸がいることが多く、内田は吉田の隣でプレーすることがほとんどだった。ところがこの試合では、右のセンターバックに森重、左に吉田がいた。サイドバックが背後をとられた場合、吉田はカバーリングを重視するタイプだが、森重は中で待ち構えていることが多い。森重の隣でプレーするときと、吉田の隣でプレーするときとでは少しやり方を変えないといけないなとも感じた。結局、右に森重、左に吉田という並びで本大会の初戦となるコートジボワール戦ではプレーすることになるため、この経験は後には意味を持ってくることになるのだが……。

もちろん、失点を許したシーン以外に悪いプレーはしていなかっただけに、この場面は悔やまれた。ただ、悔やむのは試合が終わってからでいい。後半も淡々とプレーを続けた。

後半15分に、日本のカウンターが始まった。左サイドの高い位置で香川がボールを持ったのを確認して、ゴール前に入っていく。香川がファーサイドへボールを送ると、本田がこれをトラップして、中に戻した。ボールが自分のところへ転がってくる。

「スルー！」

背後に入ってきていた遠藤保仁からの声が聞こえた。本田からボールが来たが、両脚を開き、その間にボールを通過させる。すると、遠藤がフリーで合わせて、同点ゴールが生まれた。

「交代までの時間が迫っていたので、この前の試合みたいに点をとろうかなと思って。自陣からのカウンターだったと思うんですけど、ちょっと（2012年10月のサンドニで行われた）フランス戦のときのようなシーンだったかな。オレと岡ちゃん（岡崎）、左に真司、右に本田さんがいたのかな。もうすぐ交代するとわかっていたから、なるべくゴール前に顔出しに行こうと思っていて。『これは来た！』と思ったんですけど、ゴールの位置も角度的に見ていなかったので、スルーして良かったなと思います」

当初の予定では、後半15分ごろまで60分間ほどプレーしたタイミングで交代することになっていた。後半15分になろうとしていたとき、こう感じていた。
「もう少しプレーしても問題なさそうだ」
W杯でフル出場するためのシミュレーションのためには、出来るだけ長くプレーしておきたい。試合の次の日に痛めた右足への負担がどれくらいあるものなのか、試合で使うような体力はどれくらい戻ってきているのかを確認したいからだ。

そこでベンチに向かって、もう少しプレーできそうだと伝えると、監督もそれを了承。結局、酒井宏樹と交代する後半26分までプレーすることになった。

交代でベンチに下がったあと、香川と柿谷曜一朗がゴールを決めて、3－1の逆転勝利でこの試合を終えた。
「後半は、むこうの足がちょっと止まった。まだ大会まで時間があるから、むこうのコンディションはこれから上がってくるんでしょうね。こっちはだいぶ動いてきたから、良くなっていくと思います。前半はみんな『きつかった』と言っていたけど、後半になって、ある程度身体があたたまってくると、いいんじゃないですか」

そのように試合を振り返ったあと、本田と話をしたことがゴールシーンにつながるヒントになったことを話した。
「『右サイドは前に出てこれない？』と言われたんですけど、あまり前に出ると戦術的に怒られるので、『顔を出せたら行きます』と伝えました。自分もシュートに行けるシーンはありましたし、僕もゴール前に出ましたし。ある程度のことはやっちゃってもいいのかなと思いますね」

ただ、結果的に逆転勝ちを収めたものの、守備の選手として課題を口にしないわけにはいかなかった。
「後ろの選手としてはやっぱり、無失点がいい。自分のサイドからやられちゃいましたけど、やっぱり失点はゼロがいいし。そこは反省しながらやらないと」

国際親善試合 at タンパ

02.06.2014　レイモンド・ジェームス・スタジアム

日本	3	0 3	1 0	1	コスタリカ

日本		コスタリカ
ザッケローニ	監督	ピント
遠藤(60分) 香川(80分) 柿谷(92分)	得点	ルイス(31分)
大迫 今野	警告	ゴンサレス
大久保→岡崎(46分) 青山→遠藤(46分) 今野→長友(61分) 内田→酒井宏(71分) 大迫→柿谷(76分)	交代	ボラーニョス→ウレーニャ(65分) テヘダ→クベロ(76分) キャンベル→ブレネス(84分)

ブラジルW杯でベスト8に進出して世界を驚かせることになるコスタリカだったが、ハードなトレーニングの影響もあり、この試合では動きが重かった。そんな相手に日本は先制を許すものの、次第にペースを握っていく。内田も積極的に攻撃に絡んでいった。試合は、終盤にコンディションの違いを見せつけて2ゴールを奪い、3-1で逆転勝利をつかんだ。

atsuto's VOICE
02.06.2014

コスタリカ戦@レイモンド・ジェームス・スタジアム

――今日は70分ほどプレーしましたが?

「70分やりました? (キプロス戦で) 45分やって、次に(今日の) 70分。明日どういう張りとかリバウンドが来るのかというのはありますけど、まぁ良いんじゃないですか」

――予定通りの出場時間だったのですか?

「ウワサでは60分と聞いていたんですけど。オレが、もうちょっと出来そうだから(やらせて欲しい)と言って。60分ごろに。あまり足に来ていなかったので、調子は良かったからもうちょっと出来るかなと」

――今日は前めのポジションをとっていましたが、それは左サイドバックが守備の強い今野選手だったから?

「というのもあるし、あとは自分がどれだけやれるのかなというのもあって。キプロス戦の前半の初めは特に、抑えていた部分もあるし。上がっていった回数は少なかったので。前半は(ほとんどコンビを組んだことがない)嘉人さんもいたし。彼にボールを入れた後にどうなるかというのを見ていたし。チャレンジが多くなる分、前に行こうかなと」

――チャレンジした手ごたえは?

「一発、ディアスに裏をとられてしまってゴールをとられちゃいましたけど、彼がマインツの選手だというのは知っていたので、ボールを取ってやろうとして、いつもよりも1、2m前に行っちゃいました」

――他のやりようもあったと感じますか?

「そうですね。その後はモリゲ(森重)が行くのか、オレが行くのか、迷い、オレ自身の動きが止まってしまったかな……。ただ、反省はするけど、あまり気にしていないです」

――遠藤選手のゴールシーンではスルーしましたが?

「そうなんです。後ろから低い声で、『スルー、スルー』と。交代までの時間が迫っていたので、この前の試合みたいに点をとろうかなと思って。自陣からのカウンターだったと思うんですけど、ちょっと(2012年10月のサンドニで行われた)フランス戦のときのようなシーンだったかな。オレと岡ちゃん(岡崎)、左に真司、右に本田さんがいたのかな。もうすぐ交代するとわかっていたから、なるべくゴール前に顔出しに行こうと思っていて。『これは来た!』と思ったんですけど、ゴールの位置も角度的に見ていなかったので、スルーして良かったなと思います」

——大久保選手と右サイドでコンビを組むのは初めてでしたが

「そうですね。嘉人さんとは、試合前に、相手のサイドバックが上がってきたらどうするかを話し合ったときに、『オレは（この代表で）右サイド初めてだから』と言われて。後ろは気にしないで、戻らないでやってください、と言って。あの人はボールを持てるし、取られないから。上がるタイミングもあるし。前半に一度、シュートを打った場面がありましたけど、ああやって斜めに入ってシュートというのもFWっぽい。どちらかというとああいう動きは岡ちゃんぽい。ああいう動きは、点をとってくれる人がいれてくれると助かる」

——前半は点をとれませんでしたが……

「前半もチャンスはあって。ホント、シュートの精度が足りないだけというか。むこうのキーパーも良かったので。後半は、むこうの足がちょっと止まった。まだ大会まで時間があるから、むこうのコンディションはこれから上がってくるんでしょうね。こっちはだいぶ動いているから、良くなっていくと思います。前半はみんな『きつかった』と言っていたけど、後半になって、ある程度身体があたたまってくると、いいんじゃないですか」

——逆転勝利の意味は大きいですか?

「内容もまずまずでしたし。本番の前に結果がポンポンと出てくるのと、負け越しで本大会に入るのとでは、心の準備も、チームとしての勢いも変わってくるし。今日は点をとるべき人がとってくれていたから。十分やってくれたし。特に、真司は」

——相手の7番のボラーニョスは抜き切らないで変化をつけてくる選手ですが、そういう選手とマッチアップした感覚は?

「ああいう中南米の選手は多いですよね。足元、嫌なところでもらって、上手くさばいて。むこうの10番はボール取られないし、デカイけど。オレはどちらかというと、7番より10番が厄介《やつかい》だと思いました。あとは9番ね」

——後半が始まる前に本田選手と話をしていましたが

「『右サイドは前に出てこれない?』と言われたんですけど、あまりやると戦術的に怒られるので、『顔を出せたら行きます』と伝えました。自分もシュートに行けるシーンはありましたし、ゴール前に出ましたし。ある程度のことはやっちゃってもいいのかなと思いますね」

——失点はしたものの、チームとして多くのゴールを決めている状況は?

「前の選手はそうだけど、後ろはやっぱり、無失点がいいから。自分の方からやられちゃいましたけど。そこはやっぱりゼロがいいし。そこは反省しながら。まぁ、なんとなく自分のなかで大きく気にしていないかな。修正できるというところなので」

――あと1試合で何をしていきたいですか?

「やるからには、本番前の試合だろうが、練習試合だろうが、勝ちたい。もちろん、勝ち点3を目指して、勝つことを目標にやっていくことじゃないですかね。と言いながら、本番が始まったらそんなの関係ないですから。もう1回リセットされて」

――前回の同じ時期とは状況も大きく違いますが?

「そうですね。どっちがいいというのも別にないと思いますよ。関係ないと思いますよ。でも、勝っているのに越したことはないですよ」

04.06.2014　コスタリカ戦

　翌日から、本大会前の最後の練習試合にむけた準備が始まった。
　6月4日、ホテルで取材に応える日が再びやってきた。当然ながら、痛めていた足の状態についての質問が報道陣から飛んでくる。少し考えて、こう答えた。

「70分くらいプレーして、そんなにリバウンドもない。試合をやって、ぶつかったり、蹴られたりして、傷とか痛いところが出てくると、サッカーをやっているなという気がして、逆に嬉しい。久しぶりに試合をやっているなという感じですよ」

　全盛期のバルセロナのように華麗にパスを回すようなサッカーを理想として挙げる選手は多いようだが、内田の理想は少し違う。

「もっと〝サッカーぽいサッカー〟がいい。例えば、選手がぶつかり合って、闘っているようなサッカーがね」

　シャルケ04の試合を、ホームのフェルティンス・アレーナで初めて見たときにも「格闘場」みたいだと感じてすぐに気に入ったくらいだから、闘っていることを実感できるサッカーが好きなのだ。だから、家族が見たらビックリするような生傷も、闘う選手の勲章だと思えて、誇らしい。

　キプロス戦では、攻撃のときにまだ以前のようにピッチ全体を見渡せないと感じることもあった。ただ、コスタリカ戦では視野については少しずつ感覚を取り戻せているなという手ごたえがあった。

の翌々日

「嘉人さんが前に入ったので、上手くボールに触って欲しいなというのもあって、近めの選手に渡したりすることが多くありました。でも、最前線にいた大迫（勇也）にもパスが出せて、ピッチの奥が見えていましたし。見ることに関しては、だいぶ戻ってきました」

その一方で、守備の局面では、改善の余地がまだあるなと感じずにはいられなかった。

「自分から動き出すプレーはいいけど、ディフェンスの選手だから相手がボールを持ったときには相手に合わせて動かないといけない。そういう動きにもっと慣れてくるといいかな。失点したシーンもそうですけど、普段ならあそこでもうちょっと早くターンすることが出来るし。あとは、試合中のこぼれ球への反応などで『あ、今、行けたな』と思ったシーンが何回かあったかな」

ディフェンダーが、相手との競り合いに対応できなければピッチに立つことは許されない。その辺りに若干の不安と課題を残しつつ、本大会前の最後の練習試合に臨むことになった。

adidas
KIRIN

KIRIN

atsuto's VOICE
04.06.2014

アメリカ合宿@クリアウォーターの宿泊先取材エリア

――足の状態は?

「70分くらいプレーして、そんなにリバウンドもない。試合をやって、ぶつかったり、蹴られたりして、傷とか痛いところが出てくると、サッカーをやっているなという気がして、逆に嬉しい。久しぶりに試合をやっているなという感じですよ」

――試合後の痛み具合は、キプロス戦と比べるとどうですか?

「治療をすぐにするので、問題ない。(出場)時間が(予定より)延びたんですけど、延びた割にはあまり(反動が)来ていないという感じです。ベンチでアイシングもするし、補強のメニューも増えてきたし、やりながら良くなっていくというか」

――やりながら、良くなっている自覚がある?

「ありますね。ある程度、練習がきつくて、やっていくなかでも身体はだいぶいいので。あとは自分の間合いと……。自分から動き出すプレーはいいけど、ディフェンスの選手だから相手がボールを持ったときには相手に合わせて動かないといけない。そういう動きにもっと慣れてくるといいかな」

――具体的には?

「失点したシーンもそうですけど、普段ならあそこでもうちょっと早くターンすることが出来るし。あとは、試合中のこぼれ球への反応などで『あ、今、行けたな』と思ったシーンが何回かあったかな」

――キプロス戦のあとには遠くがまだ見えていないと話していましたが、視野の部分は?

「嘉人さんが前に入ったので、上手くボールに触って欲しいなというのもあって、近めの選手に渡したりすることが多くありました。でも、(最前線にいた)大迫にもパスが出せて、ピッチの奥が見えていましたし。見ることに関しては、だいぶ戻ってきました」

――無駄走りも今以上に出来ると思いますか?

「どうですかね。自分が行き過ぎても、後ろのスペースをあけるだけなので。カウンターが得意なチームもあるし。そこら辺は試合と感覚ですね。危ないなと思ったら行かなければいいし。行けると思ったら行けばいいし」

――リハビリを通して身体が大きくなった割には、スピードは落ちていないのではないですか?

「(動きが)重くならないようにはしているので。たいがいは走れるので、一応、いいのかなと。体重も少し増えましたけど、その割には重くないので。上手く心肺機能も上げられたし。筋肉もつけられたかなと思います」

——力強さも増したと?
「どうですかね。もっとぶつかったりしたら、そういう風に感じるのかもしれないですけど、あまり……ドンとぶつかってというよりは、タイミングと間合いだと思っているので。『体当たり＝フィジカルが強い』とは思っていないです」

——身体が大きくなりましたが、何kgくらい増えたのですか?
「2、3kgかな」

——以前と同じサイズのユニフォームを着ても感覚が違いますか?
「『上半身がごつくなった』と久しぶりに会う人にけっこう言われるので。もう少し(見えなくても)必要な部分にね、力がついてくるといいと思うんだけど」

——チームとして今は結果が出ているが、本大会に入るまでにもう1回、引き締めないといけないというのは?
「うーん、大会に入る前に勝ち癖というか、ポンポンポンと勝って入るのは大事だと思います。4年前とはちょっと状況が違います。でも、だからといって、初戦でそのままの勢いで行けるかと言ったら、本番が始まるとリセットされるというか、気持ちを新たに的《てき》なところはあるんで、ある程度、途切れはしますけどね。試合前の心の準備とか、チームとしての勢いとか自信は無駄にはならないとは思いますけどね。今までの3つ4つのテスト試合で結果が出てきた分ね」

——多くの選手が『初戦が大事』と話していますが、もし、初戦に敗れてしまったら、チームが自信を失ってしまう恐れがあるのではないですか?
「よくあるじゃないですか。4チームによるグループリーグ。初戦が大事だというのはみんなわかっていますけど、そこで負けた場合にみんなガックリくるのか、開き直ることが出来るのか。それを分けるのが精神力だと思っていますから。やっぱり初戦にウエイトを持っていく分、初戦でこけたらどうかなってのはありますけど。そこら辺は今までの経験が力になると思っているし、もっと厳しい状態で試合をしてきたこともありますし。個人的にはそこはあんまり心配してない。チームのみんながどう思うかわかんないけど」

——CLとは考え方が違う?
「どうなんですかね。あんまり気にしなくていいと思いますけどね。やってみなきゃわかんないですよ。ホント、そうだと思います。むこうの状態もあるしね。4年に1回の試合にコンディションとか全てをピークに持っていくというのはなかなか、いろんな作業があるし大変だと思うけど」

――この前の試合でも先に失点して、逆転で勝ちましたが、W杯でもあのような形で勝てると思いますか?
「そういう試合もあるんじゃないですか」

――ザックさんは1点とられてもしょうがないくらいに考えて欲しいと?
「やっぱり僕はディフェンスの選手なので、無失点ではいきたいですけど、良いチームでは点とるやつはとってきますからね。そういう選手はいますし、サッカーは点が入るスポーツだから。もちろん、無失点でいこうとは考えていますけど」

――コートジボワールやギリシャの試合は見ましたか?
「いや、見てないです。やったんですよね。ギリシャが引き分けとか。まあ普段どおりでいいと思いますよ」

――（次の）ザンビア戦ではフル出場したいですか?
「監督に任せています。行けと言われれば行けますし」

――コートジボワール戦に向けた対策は?
「それは練習でやっていくんじゃないですか」

――身体能力の高い選手に対応するために必要なことは何だと思いますか?
「感覚です。いくらスカウトが見ても、『ん?』って思うときはあるし。まあいろんな国といろんな選手とやってきたんで、いつも通りに準備します」

06.06.2014　日本代表対

ついに、長かったＷ杯までの準備期間の総仕上げだ。6月6日、前回と同じレイモンド・ジェームス・スタジアムで、今度はザンビア代表と戦うことになった。もちろん、前の試合で70分以上プレーしたために足の痛みはあったが、試合に出られないほどではなかった。W杯前に組まれた3試合の全てに、右サイドバックとして先発出来たのも、やはりドクターをはじめとするみんなの手厚いケアがあったからだ。改めて、ありがたいなぁと感じた。

ところが、この試合では前半9分にいきなりピンチを迎える。相手の右サイドからのクロスをマユカがさわり、軌道の変わったボールが、日本のペナルティーエリアの右サイドの深い位置に飛んでいく。もちろん、ボールには反応していた。しかし、頭でクリアしようとしたところで、Ｃ・カトンゴに頭で押し込まれてしまったのだ。

Ｃ・カトンゴを中心として、オレンジ色のユニフォームを着たザンビアの選手たちが輪になって喜んでいる一方で、ピッチに腰を落とし、ずれたストッキングを直しながらその事実を受け止めていく。

29分にも相手にゴールを許してしまい、なかなか良い流れに乗れない。その後は失点に絡むことはなかったが、攻撃でチャンスを作り出したわけでもなかった。

そして、後半21分には酒井宏樹と交代を命じられた。

日本は本田の2ゴールと香川の1ゴールで、逆転。そのあとに一度は同点にされたが、後半アディショナルタイムの大久保のゴールで再逆転。劇的なゴールによって4－3で最終的には勝利をつかんだ。そして、みんなと一緒にベンチを出てガッツポーズをした。

ただ、交代でベンチに下がってから、実は危機感を覚えていた。「ひょっとしたら、また、先発から外されちゃうんじゃないかなぁ……」。そう思った最たる理由はもちろん、自分のパフォーマンスが良くなかったからだ。

コスタリカ戦とザンビア戦で、立て続けに失点に絡んでいた。特にコスタリカ戦と比べて、ザンビア戦では攻守ともにプレーの質は下がったと感じていた。そもそも、ディフェンダーの選手は、チームが勝つことで、そして失点を出来るだけ減らすことで、評価されるものだ。怪我から復帰してまもない時期にあったとはいえ、この日のパフォーマンスでは、ザッケローニ監督が本大会のスターティングメンバーの1人として起用したいと考えるかどうか、確信は持てなかった。

そして、頭をよぎったのが、4年前のあの苦しい記憶だった。4年前はコンディションが整っていなかったこともあり、大会直前の親善試合ではスターティングメンバーを外れていた。

ただ、大会前の最後の練習試合と予定されていたコートジボワール戦の後半に自分にはW杯でチャンスが与えられないだろうと確信する決定的な出来事があった。あの試合で右サイドバックとして先発していた今野が負傷したときのこと。

UCHIDA
2
7.19

代わりの選手として誰が出るんだろうか。

そう思いながら、他の選手たちと一緒にウォーミングアップをしていた。サイドバックの控えとなっていたのは駒野友一と自分の2人だけだ。どちらかが呼ばれるはず……。

しかし、当時の岡田監督に呼ばれたのは駒野だった。つまり、この時点で内田は3番手のサイドバックだと監督が考えていることがわかってしまったのだ。

フォワードの選手なら、試合展開によっては、3番手でもチャンスが来る可能性は十分にある。しかし、公式戦でサイドバックが交代させられることはほとんどない。駒野が交代選手として呼ばれた時点で、W杯のピッチに立つチャンスはかなり少ないという現実をつきつけられてしまった（4年前は、コートジボワール戦のあとに、W杯の開かれる南アフリカに入ってから、急きょ、ジンバブエとの練習試合が組まれたが、ここでも内田は主力としてのチャンスは与えられていなかった）。

4年前と同じように最後のテストマッチで、嫌な思いを味わわないといけないのかなぁ。そんな不安を覚えながら、試合後の挨拶を終えて、グラウンドから引きあげた。ロッカールームで座っているとザッケローニ監督が近寄ってきた。監督は選手に個別に声をかけることも多いのだが、内田はあまり声をかけられた記憶がない。一体、どんなことを言われるのか。

「今日は良くなかったけど、これまでの2試合ではまずまずだったから問題ないぞ」

通訳を務める矢野大輔が訳してくれた言葉を聞いて、不安は収まった。

もちろん、スタメンで使うと約束されたわけでもないし、中途半端な気持ちで練習をしていたらダメだ。でも、練習でのメンバー構成や監督の言葉を聞いて、気が引き締まる思いがした。

「これはコートジボワール戦でもスタメンで出るチャンスは十分あるはずだ」

そんなやりとりもあったので、少しだけリラックスして、この試合で左まぶたを切った岡崎が患部を縫ってもらっているのを眺めたり、茶化したりしていた。普段は試合が終わると、すぐにシャワーを浴びる。ドライヤーで髪をかわかすこともない。タオルでパッと拭いたらロッカールームを出て、記者が待つミックスゾーン（取材エリア）に出ていく。ロッカールームでゆっくりすることがほとんどないので、全ての選手のなかで最も早くミックスゾーンに出ていくことも多い。

「シャワーなんてすぐに浴びられるし、みんな、なんで時間がかかるんだろうな」

むしろ、個人的には、他の選手がロッカールームでゆっくりする理由があまりわからない。

でも、この日に限っては試合後にゆっくりしていたために、ミックスゾーンにいる記者たちの間では「内田がなかなか出てこない。ひょっとしたら右足を痛めたんじゃないか」などと噂されていたようだ。

もちろん、そんなことはなかった。

待ち受けていた記者からは失点シーンについて問われたが、こう答えた。

「前の選手にボールがぶつかってコースがちょっと変わったんです。アクシデント的な感じで難しくなりましたけど、防げたらすごい。あれは難しかったので自分のなかではしょうがないかなと思います。今日はセカンドボールが拾えなかったね。跳ね返すなり、こぼれたときのセカンドボールが拾えなかったから、後ろで回されていたのでね」

それほど良いパフォーマンスを見せられなかったのは自分がよくわかっているし、反省すべきところがあるのも事実だ。ただ、監督はまだ自分を信頼してくれているようだし、ネガティブなことを考えても仕方がない。

4年前には手にすることの出来なかったチャンスを無駄にしないためにも、そして怪我をした後のリハビリにかかわってくれたすべての人たちのためにも、6月14日のコートジボワール戦に心身ともに最高の状態で臨まなくてはいけないな。そんな風に考えていた。

国際親善試合atタンパ

06.06.2014　レイモンド・ジェームス・スタジアム

日本	4	1 3	2 1	3	ザンビア

日本		ザンビア
ザッケローニ	監督	**ボメール**
本田(40分、75分) **香川**(74分) **大久保**(91分)	得点	**C.カトンゴ**(9分) **シンカラ**(29分) **L.ムソンダ**(89分)
大久保□ **吉田**□ **酒井宏**□	警告	□**C.カトンゴ**
柿谷→大久保(46分) **今野→森重**(60分) **岡崎→大迫**(60分) **内田→酒井宏**(66分) **香川→齋藤**(78分) **遠藤→青山**(90分)	交代	**マユカ→ムレンガ**(53分) **ルング→L.ムソンダ**(74分) **ムリロ→チャマ**(88分) **F.カトンゴ→フィリ**(90分) **ムボラ→J.ムソンダ**(93分)

アフリカの強豪であるザンビアとの対戦では、苦戦を強いられることになった。日本の攻撃の起点である左サイドを相手がついてきたことで、序盤は苦しい戦いを強いられてしまう。それでも、攻勢に転じてゴールを重ね、後半アディショナルタイムの大久保のゴールでどうにか勝利をつかんだ。ただ、劇的な試合の陰で、本大会にむけて不安を残すこととなった。

atsuto's VOICE
06.06.2014

ザンビア戦＠レイモンド・ジェームス・スタジアム

――今日は60分
「まあまあ、こんな感じじゃないですかね」

――試合後に監督はどのような話をしていたのですか？
「今日はみんなの出来は悪かったけど、前の2試合が良かったから問題ないよと。チームとして前半はダラっと入って、ハーフタイムにも言われたことですが、裏に行くコンビネーションが無かったかなと」

――暑さの影響もあるのですか？
「それもあるかもしれないけど、一応中3日でやってるし、練習はここに合わせてきているわけじゃないし、いろいろあると思うけど……」

――前半は相手の個の力に翻弄《ほんろう》された？
「いや、普段（から）やっている（ような）相手ですから、そんなに気にしてないですよ。もちろん足が出てくるとか、カバーに走るスピードが速いとかありますけど。結局は勝ってるのでそんなに問題ないんじゃないですか」

――失点の場面はキーパーの西川（周作）選手と重なってしまったのですか？
「ちょっと前の選手にボールがぶつかってコースが変わったんです。アクシデント的な感じで難しくなりましたけど、（あれが）防げたらすごい。あれは難しかったので自分のなかではしょうがないかなと思います」

――その前の守備に問題があったと？
「今日はセカンドボールが拾えなかったね。跳ね返すなり、こぼれたときのセカンドボールが拾えなかったから、後ろで回されていたのでね」

――パスが引っかかったのはコンディションがまだ万全ではないからですか？
「サッカーはいろいろあるから、1試合ごとに。何かが原因というよりは今日はそういうゲームだったということかなと思います。サッカーは1試合、1試合同じじゃなくて生き物みたいなものだから」

――そのなかでも交代選手が活躍したが、それぞれやるべきことを意識していた成果が出たということでしょうか？
「嘉人さんのゴールとか見てなかったです（笑）。気づいたらシュート打ってて」

――個人的には前進したと感じられますか？
「普通にやれているだけで助かっているのはありますからね」

――攻撃のときには攻め上がれているのでは？
「今回は何も言われないから。しぼれとか。探りながらやっていますけど、もう行ってもいいのかなと。最近は言われなくなってきましたね。選手主導でいいのか、日本人の特徴を監督がわかってきたのか。日本人は言い過ぎたらだめみたいな……。（実際のところはよく）わからないですが」

BANANA MIX
BANANA MIX
VENDE-SE
caern

atsuto's VOICE
12.06.2014

日本代表ベースキャンプ@イトゥ取材エリア

――今日はミーティングがあったのですか?
「(近くにいる柿谷)曜一朗に聞いてください(笑)」

――相手の守備ラインには狙い目がありそうな気がしますが?
「でもいいチームですからね。FIFAランクではオレらが一番低い? 4チームのなかで」

―― 一番下です
「そういうことです」

――そういう相手から点をとっていくには?
「考えるの、好きじゃないですか、みなさん(笑)。いつも考えているじゃないですか(笑)」

――個人としては前回のような思いを味わって、いよいよ4年間やってきたものを出す機会が近づいてきたけど今の気分は?
「いや、もういつも通りだと思ってます。急にすごいプレーができるわけでもないと思いますし。今までやってきたことを一生懸命やるだけかなと。逆にそれでいいと思っていますし、普通のプレーができれば。そういう相手ともやってきたし。今さらどうこういう感じじゃないかな」

――コートジボワールの速攻には迫力がありますし、彼らの攻撃についてミーティングをしたと思いますけど、相手の攻めを遅らせるとか、速攻でやられないようにすることがポイントになるのでは?
「それも一つですし、失点の形というか得点する形とか、セットだったり、PKだったりとか何種類もありますから、一つだけというよりも、そういう全てに自分たちが反応してやっていくしかないかと思いますけど」

――相手の10番を背負うジェルビーニョが内田選手のサイドに来るとか言われていますが?
「でも、前の選手がサイドチェンジしたり、自由に動く感じのイメージがあるので、誰というのではなくて、自分のサイドに来た選手とはしっかり対峙《たいじ》したいなとは思いますけど。相手がどうこうというのではないかな」

――普段やっている守備と変わらないイメージで臨むということですか?
「ブンデスリーガでもCLでもいい選手、(相手の)左サイドにいましたから。普段通りのプレーが出せれば問題ないと思います」

——4年前のことは思い出したりしますか?
「うーん、あんまりかなぁ……」

——4年前は岡崎選手と一緒に過ごす時間が多かったですよね?
「今もですよ(笑)」

——2人とも、当時とは違う立場にいるものの今は同じ右サイドをやっているというのはどう感じますか?
「今回まだわからないですけど。まあ、もういいかな、そういうのを考えるのは、と思います。しっかりやってきたことをピッチで出せればいいと思いますけど、(試合に)出る出ないというのもありますからね。そういうのを超えて自分が納得できればいいかなと思いますけどね、今は。あのときは出たいなというのはありました。今もありますけど。4年経って思うのは、(前回は)納得せずに日本に帰ってきちゃったから、自分的には後悔している。出た、出なかったということよりも、ね。今はだから、出る、出ない、いいプレーできるか、できないかというのもありますけど、それ以上にやってきたことがしっかりブラジルで残せればいいのかなと思いますけど」

——納得をするために、自分はどうしたいのですか?
「毎日練習終わったあとに今日は100%やれたのかと、シャルケでもそうですけど、いつも思っていますし。その繰り返しかなと思います。部屋に帰って、今日はもうちょっと出来たんじゃないかな、と思わないように毎日過ごしていますけど」

——メンタルもフィジカルも充実している感じはありますか?
「大丈夫です」

——90分やることに不安はない?
「ある程度の時間までやれていたし、中2、3日で60～70分ぐらいはやれているので、そんなに不安はないかなと思っている」

——いろんな人の助けもあったと思うけど、かなり順調に回復してきたのではないですか?
「うん、そうですね。いろんな人にこうやってもらって、僕の足のことを。直前に怪我したのは(僕が)悪いんですけど。でもそれだけじゃないですからね、もちろん。シャルケに移籍させてもらった代理人の存在とかも、僕には大きかったですし、そういう全部の人の分を、怪我もしましたけど、本番に……。みなさんの前で足が痛いなんて言えないですよ。足に関しても十分にサポートしてくれているので……」

――今は緊張感の方が強いですか？　それともワクワク感の方が強い？

「うーん……。なんだろうな……。緊張感も練習のなかでやってきて、相手のイメージも出来てくるし、今日もこうやってW杯が始まるとチームとしても緊張感が出てくると思いますし、それに負けないように自分たちが楽しくサッカーを。原点はそこだと思っているので。変に気負わずにいつも通りのプレーが出来れば。もちろん、相手もいることなので、（ただ）一生懸命やれば勝てるとは思っていないですけど、（勝ちを）手繰《たぐ》り寄せるためにはいい準備をしたいと思っています」

――リハビリ仲間からメッセージは来ていますか？

「来ています。地球の反対側にいますけど、まだ忘れられていないという……」

――その中に心ふるえるものはありましたか？

「ないです（笑）」

――いろんな人の思いを背負っていますが、それは力になりそうですか？　重圧になりそうですか？

「重圧にはならないですね。特に右足はだいぶお世話になっていますし。そういうパワーも込めて、プレーしたいなと、ブラジルに残したいな、というのはあります。それが重みにはならない。人のために頑張った方が頑張れるのかな、というのはあります」

――今までにそういう思いでプレーしたことは？

「あまりなかったですね。やっぱり、自分のためというか、自分が良ければいいやという、チームのためというのはありましたけど。サポートしてもらっているという、ひしひしとこれだけ伝わってくるというのは、怪我を直前にして、（そう）じゃないと感じられなかったことなので。怪我していいとは思わなかったですけど、そういうリハビリの仲間と、こうやってサポートしてくれる人がいるというのは、（怪我は）無駄じゃなかったのかなと思うんですけど。そのためにも、やっぱり、W杯じゃないですか!」

――どうやって恩返しを？

「活躍できればいいなと思うし、まずはチームが勝つこと。自分のことというよりは。日本が勝ち点1でも3でも拾って次のステージに行き、少しでも上へということじゃないですか。同じ日本人としては。ブラジルは地球の反対側ですけど、見てくれている人もいますから」

FIFA
adidas
KIA MOTORS
SONY
FIFA

YINGLI SOLAR

14.06.2014　日本代表対

大切な試合を戦う前の内田には、お決まりの儀式がある。

6月14日のコートジボワール戦は、ブラジルW杯を戦う日本代表にとって2014年のなかで最も大切な試合と言っても過言ではない。

スタメンから外れた選手たちが、先発する選手たちがロッカールームを出るときに声をかけたり、肩を叩《たた》いて活を入れたりした。

内田と同じサイドバックだが、ブラジルW杯では一度も出場する機会のなかった酒井高徳は、あのときの様子についてこんな風に語っている。

「篤人君には『背中、叩いてくれ！』と言われて、思い切り叩きました。一応、先輩だし、少し手加減して、7割くらいの力で叩いていたんですが、『そんなんじゃ、ゆるいんだよ！』と言われたので、それ以降はもう全力で篤人君の背中を叩くようになりました」

強く叩いてもらえればもらうほど、気合が入る。よく自分の頬を両手で挟むように叩く人がいるが、あれと似たような感覚かもしれない。背中を叩いてもらい、背中を押されるような感覚を味わって試合に入っていくのが好きだ。

そのあと、会場となったレシフェのアレーナ・ペルナンブーコのピッチへと続く階段の前で入場を待つ間に、ボランチで先発する山口のところへ話をしにいった。

そして、自らの後ろに立って入場を待つ吉田に声をかけた。

コートジボワール代表

「いつものやつ、よろしく！」

吉田にも背中を叩いてもらう。これでスイッチが入る。試合にむけて気持ちを高めていける。

吉田には「大事な試合の前になると、会場への移動のバスでも極端に口数が減るよなぁ」と言われたことがある。この試合の前も、確かにバスの中ではほとんど口をきいていなかったかもしれない。

代表の試合では必ず流れるＦＩＦＡのアンセムとともに階段を上り、ピッチに整列した。普段なら、スタンドに目をやり、整列しているときに観戦に来た家族を探したりもする。でも、今回はやめておこうと思った。

「集中しようというか……。4年前のこともあるし、たぶんうちの親はあの時点で絶対にウルウル来ているだろうからね。それを戦う前に見てしまうのはヤバいなと思った。でも、実はオレ自身もちょっと〝危なかった〟。国歌斉唱のときにテレビカメラが一人ひとりの選手をアップで映しにくるけど、 あのときに『やばい』と思って下を向いたくらいだったから」

試合前の記念撮影を終えて、そのあとチームメイトたちと円陣を組む。同じ右サイドでプレーする岡崎がボソッとささやいた。
「ウッチー、ついにW杯に帰ってきたなぁ！」

4年前の南アフリカW杯では、岡崎とともに大会直前にスター

ティングメンバーから外れた。大会中の空き時間には一緒に映画を見て、気持ちをまぎらわしたりした。岡崎が奥さんに電話をして、苦しい気持ちを明かしているのが聞こえてきたこともある。ホテルにいる時間のほとんどを一緒に過ごしていた仲だった。

「あの一言を聞いて、思わず下を向いちゃった。『あー、岡ちゃん。危ない。それは今、言っちゃあダメだ～』と思いながら（笑）」

円陣が解けると、両目からこぼれ落ちそうになるものを必死にこらえながら、定位置へ戻った。キックオフはもう目前に迫っていた。

試合直前に、内田が考えていたのは、こんなことだった。
「大事なのは普通にやること。W杯は、必ずしも自分たちの良いところや、上手いプレーを出す大会ではないんだろうなと思うから。パスで崩そうとか、そういうことよりも大切なのは、対人プレーで負けないこと。闘うことを意識した方が試合に入れるなと思っていたからね」

試合前から気にかけていたのは、相手の左ＭＦ、つまり自分の目の前にいる選手のことだった。コートジボワール代表の10番を背負うジェルビーニョだ。

「相手の10番には気をつけるように試合前から言われていたし、あいつがエースだと思っていたからね。オレはあまり上がらない方がいいなと思っていた」

相手のエースを止めれば、ペースを自分たちの方に引き寄せられる。そう信じていた。

試合が始まってしばらくすると、ジェルビーニョは逆サイドにいたカルーとポジションを変え、右サイドへ。その後も、左サイドに戻ってきたとしても、しばらくすると、逆サイドへ移っていった。

「彼が逆サイドに行ったらオレの勝ちだと思っていたから。オレの守備を嫌がって向こうに行ってくれればいいなと思いつつ、プレーしていたかな」

いかにして、ジェルビーニョを抑えるか。

それがこの試合の内田の第一のミッションだった。4年間かけてシャルケ04で鍛えあげてきた一対一の場面での守備力を活かすのはもちろんだ。ただ、それだけでは足りない。

「オレが10番のヤツと一対一になるような場面が来たら、中にサポートに来てほしい」

試合前、ピッチに入場する少し前に山口に声をかけたのも、ジェルビーニョを抑えるための作戦だった。

「一対一の場面になるとドリブルの得意な選手はガンガン来る。これまでに対戦したネイマールやリベリーのときもそうだった。そういう能力の高い選手をマークしないといけないときは、まずは中に味方がいるかいないかを知りたいんだよ。時計でたとえると、オレが6時のところにいるとしたら針が9時を指すところに蛍がいれば、相手は中に入っていけず、縦にしかけてくる。蛍はいつもサポート

に来てくれていた。あいつは速くて、運動量もあって、相手選手に対してしっかりと身体を寄せられる。（鹿島でともにプレーした小笠原）満男さんっぽいなって思ったね。ホントによくやってくれたし、素晴らしかった」

相手が中に切れ込んで来る可能性が低くなるだけで、一対一の場面での駆け引きでイニシアチブを握れる。自分だけの力で止めようとするのではなく、味方と連係しながら守備をする。そこに守備の面白さがあるし、そうすることで初めて、安定した守りを見せることができる。

この試合は前半16分の本田のゴールで先制をしながらも、チームとしては思うような戦いが出来なかった。嫌な予感を抱いている選手も少なくはなかったみたいだが、内田の頭の中にあったのは必ずしも悪いイメージばかりではなかった。

「相手はＦＩＦＡランキング何位（※当時は23位）だったのか。オレらより上でしょう？　パスを回されることも覚悟しないといけないと思っていたから。それに、シャルケでプレーしているときでも、技術のあるチームとの試合では、パスを回されることがけっこう多いから、そういう展開にも慣れているんだよね」

だから、前半が終わるころには割り切って考えられた。
「まずは１－０のままで前半を終われればいいかな」
また、ジェルビーニョに仕事をさせないという最低限の役割は果

HASEBE
17

たしていたため、個人的には落ち着いた状態でハーフタイムを迎えた。

「監督は『バランスを大事にしろ』って言っていた気がする。もちろん、ハーフタイムには『もっと攻撃的に行こう』と話してはいたけど、次の1点がどちらに入るのかが勝負を分けるのかなと（自分は）考えていたかな。相手に1点をとられたら勢いに乗られるからきつくなるだろうし。だから、前半の状況を考えれば1－0のままでどこまで引っ張れるかなとも思っていたけど……」

ただ、後半を迎えるにあたって、不安がないわけでもなかった。

「攻撃が上手くいかないというか、ほとんどのボールが相手に引っかかっていたから……。マイボールにして、攻撃に出ていこうとするときの1本目や2本目のパスが引っかかっていたから、またすぐに守備をしないといけなくなっちゃう。そこは良くなかった」

後半が始まってそれほどたたないうちに、試合は動き始める。まず、ザッケローニ監督が後半9分に長谷部に代えて、遠藤を投入した。

それに対して、コートジボワールは、ＣＬで優勝した経験もあるベテランのストライカー、ドログバが交代の準備を始めていた。スタジアムのファンの大きな拍手や声援が耳に入ってきて、それはすぐにわかった。そして、後半17分にコートジボワールのエース、ドログバがボランチのディエと代わってピッチに足を踏み入れると、その盛り上がりはピークに達した。

「忘れていたわけじゃないけど、『あー、ドログバいたわ』って思いましたね。会場が盛り上がってはいたけど、ドログバみたいな有名な選手がいればああなるのは当然。会場の雰囲気とかは別に、そこまで怖くはなかった」

　ただ、ドログバがどの選手と代わるのかは気がかりだった。

「それまで1トップに入っていたボニーという大柄なフォワードの選手もかなり良かったから。『ボニーと交代してくれ』とオレは思っていたね。デカい選手が1人いるだけならどうにかなる。でも、結局はボランチの選手と交代してしまって、デカい選手が2人になった。『あぁ、相手の前線は最も嫌な並びになっちゃったなぁ』と思っていた」

　コートジボワールはそのドログバが前線で起点となり、それまで以上に攻勢を強めていく。彼らが起点にしたのが右サイド、つまり日本の左サイドだった。日本の攻撃の生命線が左サイドであることを理解した上で、それならば日本の左サイドの守備には難があると彼らは考え、そこを突いてきたのだ。

「あの試合が終わってしばらくして思ったけど、相手は日本のことをよく研究していたよね。そこにも、オレたちとの差があった」

oi

Itaú
Itaú

8
9

UCHIDA
2

そして、後半19分にボニーに同点ゴールを決められると、そのわずか2分後にはジェルビーニョに追加点を許してしまった。いずれも日本の左サイドから相手が入れてきたクロスによって生まれたゴールだった。

天を仰ぐ選手がいたが、内田はゴールラインの内側に転がったボールをすぐに拾いにいった。

「みんながガックリ来ちゃうかもしれないから、時間をかけずにすぐに試合を再開させないといけない。そう思って、拾いにいっただけ。あとは、逆転されたことで日本は選手交代があるだろうから、そこからどうやって反撃するのかを見極める必要はあったかな」

後半22分に大久保が大迫勇也に代わってピッチに入ってきた。そこからザッケローニ監督は、前線の選手たちの並びを短い時間で二度、変えている。選手の並びを変えた采配について疑問を投げかける声も聞こえてきた。ただ、4年かけてザッケローニ監督のもとでプレーしてきた内田からすれば、何ら戸惑うことはなかった。

「個人的には、誰がどのポジションにいても気にならなかったかな。選手の特徴を見た上で戦術を作るタイプと、戦術に合わせて人を配置するタイプ、監督のやり方は大きく分けて2つあるけど、ザックさんは自らの戦術に合わせて人を置くタイプだから。違う選手が入っても、少し変わるくらいで、基本的には同じ。例えば、サイドの選手だったら、基本的に岡ちゃんのように前に斜めに入っていく動きを求められるわけだから」

だから、監督の采配に戸惑うこともなかった。むしろ、このポジションチェンジを活かす策はないかと考えていた。

後半28分、岡崎が左サイドに、香川が右サイドに行くように指示された直後、内田は右サイドのディフェンスラインの裏のスペースへ飛び出す。相手のディフェンスラインの選手は、内田の動きに全く反応出来ていなかった。

「真司が右サイドに移ってきたら、相手の選手がその動きに食いついていたでしょう？　『やっぱり、有名な選手へのマークはきついんだ』と感じつつ、真司の後ろにいるオレへのマークがゆるくなる予感がした。だから、心の中で『真司、中に入ってくれ！』と思っていたら、実際に中に入っていってくれた。そうしたら、相手はオレの動きなんて全く見ていない。それで飛び出したんだけど……」

ディフェンスラインでボールを持っていた吉田からのパスが出て、内田はペナルティーエリア内でフリーの状態でこのボールを受ける。しかし、判定はオフサイドだった。ボールを持っていた吉田も、相手チームの選手と同じように内田の動きに気づくのが少しだけ遅れていた。

「試合後にバスに乗ったときに麻也には、『次の試合でも、ああいうシーンがあるかもしれないから見ておいてね』とは伝えたかな。でも、彼はディフェンスの選手だから、そこを強く求めるのは違うからね」

ただ、そのあとの日本はほとんどチャンスらしいチャンスを作れないまま。

「負けていたら、負けている方のチームがゴール前に行くのが普通なんだけど、オレたちはそれすらできなかった……。悔しいよ」

結局、1－2で大事な初戦を落とすことになってしまった。

「立て続けに失点した2分間で、この4年を無駄にするのはもったいないと思う。チームとしては、次のギリシャ戦に全力でむかうだけです」

内田にとっては2月以来初めてとなる公式戦の舞台で、怪我の影響を感じさせることなく、最後まで走りきれたことだけは収穫だったし、改めて自分をケアしてくれたスタッフへの感謝の念がわいてきた。

「14日に初戦があるというのは何日も前からわかっていたわけじゃないですか。コンディションに関しては、スタッフの人がしっかり合わせてくれた。メンタルの準備については自分が合わせるしかない。ただ、オレはそういうのが不得意なタイプだとは思っていないですから。相手が強ければモチベーションもわくし、そういう戦いをずっとしてきましたからね」

試合前に吉田に背中を叩いてもらったのもそうだが、振り返ってみると、試合の前の晩からどういうプレーをすればいいのかを自然とイメージすることが出来ていた気がしている。だから、すんなりと試合に入れたのだろう。

この試合の自分のパフォーマンスを振り返ってみると、手ごたえと少しの後悔があったなと内田は考えている。手ごたえはもちろん、久しぶりの公式戦にもかかわらず、焦らず、慌てず、自分に求められる最低限の役割はこなせたということだ。しかし……。

「コートジボワールみたいなチームを相手に自分たちのパスはどういう風に回るんだろう、と様子を見てしまったのが良くなかった。例えば、ブラジル代表の左サイドバックのマルセロなんかは、相手チームが彼のところでボールを奪おうとしても、それをかいくぐってボールを運ぶ。すごいよね。では、オレはどうだったのか？」

この試合での自分のプレーで反省するべきところは、マルセロと比較することで自ずと浮かび上がってくる。

「チームが苦しい状況にあったからこそ、『オレのところにパスを出してくれ』と要求して、自分でどんどんパスをさばいていけば良かったよね。シャルケではオレのところにどんどんパスをくれ、という意識でやっているんだから。それが代表でプレーするときには出来ていなかった。悔やまずにはいられないよ」

大事だとわかっていた初戦で負けてしまった。

これはやっかいなことになる。そう思いながら、レシフェのホテルで内田はベッドに身体をうずめた。

2014 FIFA World Cup Brazil

14.06.2014　レシフェ アレーナ・ペルナンブーコ

日本 勝ち点0	1	1 - 0 0 - 2	2	コートジボワール 勝ち点3

ザッケローニ	監督	ラムーシ
本田(16分)	得点	ボニー(64分) ジェルビーニョ(66分)
吉田 森重	警告	バンバ ゾコラ
長谷部→遠藤(54分) 大迫→大久保(67分) 香川→柿谷(86分)	交代	ディエ→ドログバ(62分) ボカ→ジャクパ(75分) ボニー→ヤ・コナン(78分)
7(4)	シュート(枠内)	19(9)
322(71%)	パス成功数(率)	456(80%)
42%	ボールポゼッション	58%
108km	総走行距離	97km

Man of the Match **ヤヤ・トゥーレ**(コートジボワール)

本田のゴールで前半の早い時間帯に先制点を奪ったものの、日本は守備に奔走させられる時間が長く、リードしながらも苦しい戦いを強いられることになった。さらに、相手が日本の戦い方や弱点をしっかり研究してきたため、後半に入って立て続けにゴールを奪われて、逆転されてしまう。結局、そのあとは思うような反撃を繰り出せぬまま終わってしまった。

FIFA
POWERADE

YAMAGUCHI
16
KAGAWA
10

atsuto's VOICE

14.06.2014

日本代表対コートジボワール代表@アレーナ・ペルナンブーコ

——感想は?
「勝ち点0という結果は、しっかり受け止めないといけないと思います」

——先制してから相手の攻撃を受けることが多かったのは?
「まぁ、むこうの力もありますからね。こっちがやりたいサッカーが出来ないのはある程度はしょうがないのかなというのもありますし。むこうにも良い選手が揃っていますし。僕らにもいるかもしれないですけど……。そういうなかで先制点をとれたのは大きかったですね」

——前半はとにかく失点をさけるというプランだったのですか?
「どうですかね……。でも、この何試合かで先に失点しているシーンが自分たちのなかにあったのかな。だから、守備から入って、先制点をとれたというのは本当にプラン通りというか、願ってもないというか、勝つためにググッと近づいたというのはあったんですけどね」

——蒸し暑さは気になりましたか?
「いや、やっているこっち(選手)はあんまり(なかった)ですね。汗はかきましたけど、そのための練習も合宿でしてきましたし。相手もそうですし。そこはあまり気にならなかったですね」

——芝生は濡《ぬ》れて重かったですか?
「いやいや、ボールもよく回りましたし」

——先制したあとは慎重になって、どこでリズムを作ろうかというのが見つからなかったのかなと思ったのですが
「うーん……なんて言うんですかね。自分たちのやりたいサッカーがずっと出来たら勝てますし。相手がいることなので、相手にボールを回されるというか、今日は、そういう時間帯の方が長かったのかなと思います」

——もっとそういう時間帯を増やしたかったと?
「自分たちはボールを持って活きるチームなのかなと思います。自分たちがボールを持てればいいですけど、相手もいることですし。その中でどうやって勝ち点を拾っていくのかが底力だと思います」

——ポゼッションできなかった理由は?
「支配率は何%でした?(日本は42%、コートジボワールは58%)。数字で見ても差はありますけど、むこうはちゃんとチャンスを作ってきましたからね。なかなか難しかったかな」

——自分たちのパスの数が少なく、支配率が低いなかでどういう風にしようとハーフタイムに話していたのですか?

「でも、1-0で勝っていたので。みんな、色々なチームで色々とやってきていますし。ここで守ったら負けるというのは頭の中にあってわかっていたんですけど……相手の力もありますから」

——球際の強さは予想以上でした?

「どうですかねぇ。僕個人としては負けたとは思っていなかったですけど。あの時間帯でドログバが入ってきて、相手に身体でゴリゴリ来られてDFラインごと下がっちゃう。失点シーンなんかもそうでしたけど。ゴール前までズルズルと下がってしまったので。相手もちゃんとサッカーしてきたかなという感じです」

——最後には吉田選手がパワープレーで前線に上がりましたが、練習でもやっていた形ですか?

「いや、一応、非公開の練習なのであまり言えないですけど、それも手段だと思います。時間がないなかで点をとらないといけないというのは」

——2試合目にむけてどうやって戦うつもりですか?

「うーん……やっぱり、ここにウエイトをかけた分、ここでガクッと来るのか、そうではないのか。次はギリシャですけど、むこうも(コロンビアに初戦で)負けたので、死闘という感じになりますし。今日、勝ち点0に終わってしまったのは自分たちの蒔《ま》いた種なので。この3日、4日の準備が大切だと思います。そこはもう十分わかっています」

——精神的なリカバリーはどうするつもりですか?

「ここで一つ負けて、ズルズルって行くようなチームなら、そういうメンタルの選手が集まっているチームだと思っていますし。ここでもう1回、チームとして、力をグッと出せるようじゃないとダメなのかなと、どうせ上に行っても(勝負にならない)、と思いますけど」

——そのためには何が必要?

「いや、もう一人ひとりの準備じゃないですか。せっかく4年間やってきましたからね。むこうの1点目と2点目の間は何分くらいありました?」

——2分です……

「立て続けに失点した2分間で、この4年を無駄にするのはもったいないと思う。チームとしては、次のギリシャ戦に全力でむかうだけです」

——コンディション調整については?

「コンディションはもうバッチリでした。本当に、コーチのきつい練習もみんなで集中して耐えましたし。スタッフのサポートはホント、100%だったと思います」

——あの2分間については?

「うーん、でも……僕は何試合もやってきましたけど、1点とられてポンポンとやられる試合は何回も経験してきましたし、逆に自分たちで点をとった試合も何回もありましたし。まぁ……よくあるシーンというか、短時間で点をとられるというのはちょっと残念かなと思います」

——90分プレーしたのは怪我をしてから初めてだったにもかかわらず、内田選手が相手からボールを取った回数はチームでトップでしたが……

「いや、ホント、球際で負けないようにと思っていましたし。相手の10番はむこうのエースだと思っていましたし。個人的には(過去に対戦した)ネイマールもリベリーも良い選手だったし、でも、そういう選手とやって、くらいついていく力がないとは思っていないので。今日なんかも、球際とか負けたくないと思っていました」

——オフサイドになった場面では、相手の左サイドバックが負傷の治療中でピッチにいなかったから、空いたスペースを狙ったと?

「一瞬だけ、真司が右に来たでしょ。真司にはマークがつくなと思っていたので、ついたと思って、えー、もうちょっと(でチャンス)だったけど……」

——あの時間帯に立て続けに失点したのはなぜだったと思いますか?

「どうですかね。僕らも別に高校生じゃないし、グラウンドにいる人間の経験値、場数は十分にあります。立ち上がりは危ないとか、失点したあとの時間帯が危ないとか、攻撃的なポジションの選手が入ったあとの時間帯が危ないとかはわかるんですけど、相手も狙い通りで、ドンピシャでやられたと」

——2人のセンターバックがイエローカードをもらっていて、気をつかった部分も?

「あの2人だけの責任ではないです。あの2人で勝てないのなら、日本中探しても、代わりはいないんじゃないかなと、僕は思いますけどね。あの2人よりも強いセンターバックで今のサッカーを出来る人間はなかなかいないですから。彼らをフォローするわけじゃないですけど、全然いいんじゃないですか」

——失点シーンではクロスへの寄せが甘かった?

「そうですね。2回ともフリーかな。どうやってボールを取られたかは覚えていないですけど、失点のシーンだけじゃないけど、特に気をつけて、次のために準備したいと思います」

adidas

atsuto's VOICE
17.06.2014

日本代表ベースキャンプ@イトゥ取材エリア

――今日は良い練習が出来ましたか?
「非公開なので、秘密です」

――手ごたえは?
「やっぱり、みんな……元気を保とうという意識はあると思いますよ」

――ギリシャの印象は?
「人に対しては強いなぁというのはあります。うちのチームにも1人いますけど(当時シャルケ04所属のパパドプーロス)、人に強く行くのは得意なチームだと思うし。基本的な戦い方としては、カウンターが良いチーム。コロンビア戦ではけっこうボールを持っていたみたいですけど、上手く戦い方を変えられるし、良いチームだと思いますけど」

――雰囲気は、初戦を落としたチームのものではないかのように、比較的明るいものだと感じます。良い雰囲気を作り出していこうとみんなで心がけているから?
「うーん……どうなんすかね。やっぱり、初戦に負けるというのは良いことではないですから。選手はみんな、もちろん危機感は持っているし、それをどうにかして振り払って次に行こうというのはみんなが思っていることですから。それが良い雰囲気にしようという風に見えるのかなと思います、周りから見たらね」

――無意識でやっているということですか?
「無意識かわからないけど、あまり気にしなくてもいいと思うけどね」

――自分たちのサッカーに対する自信は揺らいでいない?
「うーん……自分たちのサッカーが出来れば勝てると思うのか、自分たちのサッカーをさせてくれないような相手のレベルだと思うのか。人それぞれなんじゃないですか」

――次の試合では勝つことにこだわるのか、それとも自分たちの理想とする素晴らしいサッカーをした上で勝たないと意味がないと考えるのか、どちらでしょうか?
「そこはもう……なんだろう、考え方じゃないですか、人それぞれのね。選手だけではなくて、日本で見ている人たちもそうだし。みなさんも一人ひとり、ね。W杯に勝つのが目標なのか、自分たちのサッカーをやれたらOKなのか」

――では、内田選手の意見は?
「オレすか?　秘密(笑)。逃げていいかな。今は大事な時期だから、それは……言わない方がいいと思うから」

——自分たちのサッカーをしようとするとカウンターを受ける危険もあるかもしれないですが……

「ギリシャ戦に限らず、W杯に限らず、練習試合でも親善試合でもアジア予選でも、そのバランスはずっと意識してやってきていることだから。当たり前のことを当たり前にやれれば流れとか自分たちのリズムは転がってくるのかなと思いますけど」

——初戦では当たり前のことが出来なかった?

「出来なかったのか、させてもらえなかったのか。そこはわからないですけど」

——自分たちのサッカーが出来ない時間帯にはある程度は引いて守ることも必要だと感じますか?

「うーん……変に勘違いしちゃいけないのは、引くのが悪いと思われたくない。そういう時間帯は絶対にあるから。使い分けですよね。引く時間帯は絶対にあるし、前からボールを取りに行く時間帯もあるし。試合中に選手がしっかり考えて、それが表現できるというのも一つの力なのかなと思いますけど」

——そうした手綱を引くのはDFラインの選手なのでは?

「まぁ、そうだね……。前が行っても、後ろがついてこないというシーンは何回もありましたからね。本田さんとサコ(大迫)が2人でプレッシャーをかけに行っているけど、(MF) 4枚、(DF) 4枚の後ろの2ラインがちょっと低いというのもありましたけど。そこら辺がしっかりしてくれれば、はまる可能性は高くなる」

——残りの少ない日数でとりくむのはそういうことですか?

「そうじゃないですか。急に上手くなるわけじゃないし。それで、はまらなければ引けばいいし。勝つために何をすればいいのかを考えたらいいと思うんですよ。ゲームをやっていくなかで自分たちが判断して、ベンチからの声を待つんじゃなくて。これが試合前にわかっていたら楽なんだけど」

——全て思い通りの戦いができるわけではないですよね?

「そうでしょう。相手がいることだし」

——では、コートジボワール戦の最中には、上手くいかないなぁと感じながらプレーしようとしていたのか、何とかしようともがきながらプレーしていたのか、どちらですか?

「何とかしようとしていましたよ。ボールは動いていますし。後半は特に、(日本が先に) 1点をとっているなかでどうするのか、というね。前半から押し込まれて、パスを回されるシーンもありましたから。変な話、2失点以上してもおかしくはないシーンがたくさんありましたし。そのなかで、自分たちが盛り返すというのは誰しもが考えていることだとは思いますけど。それが出来たらね……。まぁ、相手がいることですから」

——相手との攻防で日本の左サイドが押し込まれていたように見えたのですが、ギリシャ戦では逆に日本が前に出て相手を押し込んでいくことも考えますか?
「ガチンコで勝負しないで、受け流してもいいとは思いますけど。この前の試合ではたまたまむこう(日本の左サイド)から上がってきた2本でやられたけど、こっちのサイドから上がってきたらこっちが言われるわけだし。そんなのは次の試合になれば、我が身ですからね」

——では、どうしたらいいと?
「まぁ結果論じゃないですか。もし耐えられたら、何か言ってくる人はほとんどいないんじゃないですか」

——怪我から復帰してタイミングをぴったり合わせてこられたのはなぜですか?
「いや、もう……なんだろう、ここに合わせてくるというのはわかっているじゃないですか。14日に初戦があるというのは何日も前からわかっていたわけじゃないですか。コンディションに関しては、スタッフの人がしっかり合わせてくれた。メンタルの準備については自分が合わせるしかない。ただ、オレはそういうのが不得意なタイプだとは思っていないですから。相手が強ければモチベーションもわくし、そういう戦いをずっとしてきましたからね、今まで(ドルトムントとの)ダービーもやったし、CLもやったし」

——その経験が出せたと?
「まぁ、そうじゃないですか。だって、ここで出さなければ、もったいないでしょ?　みんな元気なくないですか?　元気出して!」

Japan
FIFA.com

19.06.2014　日本代表対

翌日の飛行機でキャンプ地であるイトゥに戻ってきた内田の頭の中には、二つの異なる考えがあった。

初戦で負けたのだから厳しい戦いが待っているだろうというのが、一つ。その一方で、負けたからといって、動じることはないだろうとも考えていた。だから、悲観的な表情を浮かべる記者を前に、「みなさん、どしたの？　暗いよ、暗い！　元気を出さないと」と話す余裕もあった。

実際、W杯が開幕する前に、仮に初戦に敗れたとしたらどう考えるのかについて問われたときも、よどみなく答えられていた。

「初戦が大事だというのはみんなわかっていますけど、そこで負けた場合にガックリくるのか、開き直ることが出来るのか、それを分けるのは精神力だと思っていますから。厳しい状態で試合をしてきたこともありますし、個人的にはあまり心配してないですね」

その精神力を培《つちか》ってくれたのはシャルケ04での経験だと内田は考えている。

代理人の秋山は、前回のW杯から内田の4年間をかたわらで見守ってきたからこそ、こんな風に感じているという。

「例えば、W杯のおよそ1年前にもＣＬの出場権をとるために、シャルケはプレーオフに回らないといけませんでしたよね。負けたらＣＬに出られないという厳しい状況でした。

もちろん、良いサッカーをした上で結果を残して、ＣＬに出たい。ただ、良いサッカーが出来ないとしても、そこで結果を出さなければ自分たちの来年以降の運命が変わってしまう。そんなギリギリの状態のなかで戦ってきたわけですから。結果を出すことで雰囲気なりサッカーを良くしていくという術《すべ》を学んだというか、そういうのが身に染みてきているんじゃないでしょうか」

ＣＬに出場するだけで、クラブは最低でも12億円ほどを手にすると言われる。ＣＬで決勝トーナメントに進めば、それが15億円、20億円と増えていく。この大会に出場できれば選手には経験を得られるという意味でも、金銭面でも大きなメリットがある。だから、出られなかったときとの落差は大きい。クラブの収入が激減するわけで、人員整理の名の下にチームを追い出される選手が出てきたとしても不思議ではない。それほどシビアなのである。

2013－14シーズンのシャルケ04の場合、ギリシャのPAOKテッサロニキとのプレーオフに勝たなければ、ＣＬに出場できない状況に置かれていた。その勝負を分ける試合でも内田はフル出場を果たしている。チームの勝利に貢献したあとも、興奮するというよりは、ホッと胸をなでおろしていた。強烈なプレッシャーがチームを包んでいたわけで、チームやファンに対して、責務を果たした安堵感の方が大きかったからだ。何も大金を稼ぎたいためにサッカーをしているわけではない。ただ、そうやって大きな収入がある大会に出ることが、クラブにかかわる全ての人を幸せにしていくのだ。

そうした厳しい戦いを切り抜けてきた経験があるから、内田は試合前には落ち着いてギリシャとの試合をイメージしていった。

adidas
JFA
JAPAN
2
FOOTBALL FOR HOPE
2

入り込み過ぎず、フェツファジディスやサマラスなど、相手の攻撃的なポジションの選手のことを頭に入れたくらいだ。フェツファジディスはギリシャのメッシと呼ばれており、ドリブルに特徴がある。サマラスは、左サイドのフォワードで、自分がマークすることになる選手だった。

日本もギリシャも、初戦に敗れていた。この第2戦で負ければ、グループリーグでの敗退がほぼ確実になってしまう。それゆえに、両チームとも慎重なプレーで試合に入っていった。

試合の序盤、前半9分にこんなシーンがあった。

大迫のパスが奪われ、相手のカウンターが始まる。内田は攻撃のために高い位置をとっており、その背後に大きなスペースをあけていた。ギリシャの左フォワードのサマラスはボールを受けると、そのスペースを突こうとドリブルをしかけてくる。

しかし、内田は素早く戻ると、背後から身体を寄せて、スライディングをしかけた。難なくボールを奪い、味方へとつないだ。

別に、特別なプレーではない。内田はそう考えている。

日本代表で、4年間にわたりディフェンダーとゴールキーパーという関係でチームを支えてきた川島永嗣は内田が当たり前のようにこなすプレーに成長を感じとっていた。

「W杯だけじゃなくて、昨年のコンフェデレーションズカップのときもそうでしたけど、一対一の場面で簡単には抜かれない。シャルケで高いレベルでプレーする経験はそういうところで活きているのかなと思いましたね。それから、攻撃に出ていくときの思い切りの良さも4年前と比べてはるかに向上していました」

ギリシャ代表の選手と対峙しても簡単にはやられないだけの力を内田は、シャルケ04で磨いてきたのだ。

それだけではない。

内田がマッチアップすることになったサマラスは当時スコティッシュ・プレミアリーグのセルティックに所属していた。セルティックは、かつて中村俊輔などもプレーしたスコットランドの名門クラブだ。内田もこのクラブをリスペクトしている。

ただ、内田はシャルケ04では毎年のようにＣＬに出場して、決勝トーナメントに進んできた。大会を主催するＵＥＦＡ（欧州サッカー連盟）のクラブランキングでも、シャルケ04はセルティックよりも上に位置している。そして、セルティックよりも強いとされるチームと対戦して、しっかり結果を残してきた。シャルケ04の一員として、セルティックの選手にやられるわけにはいかないのだ。

もっとも、サマラスを抑えるのは、内田の最大のミッションというわけではなかった。彼を抑えるのは大前提。

その上で、頭の中にあったのは初戦での反省だ。

「この前の試合よりも、もっとパスをもらいに行かないといけないな」

しかし、前半のうちに、この試合の行方を左右する判定が下る。

38分、長谷部をファールで倒したカツラニスに2枚目のイエローカードが提示されたのだ。これでカツラニスは退場となる。守備的

なポジションを務める選手がいなくなったことで、ギリシャは選手交代を余儀なくされた。フェツファジディスが外れることになり、カラグニスが入った。
「ギリシャのメッシ」という異名をとるフェツファジディスは右サイドのフォワードつまり日本の左サイドにいたために内田が直接マッチアップする機会はなかったのだが、「上手い選手」だと感じていた。彼が退いたことで、ギリシャの狙いははっきりする。攻撃よりも守備。負けないことを最優先に考え、引いてカウンターを狙ってくることになるのは容易に想像できた。

「もしも、ギリシャがすぐに交代せず、ズルズルと行っていたら迷いが出ていたのかもしれないのにそうはならなかった。ドリブラーの良い選手をサクッと下げたから。交代するのが早いなぁと」

　そして、直感的にこう思った。
「これは厄介だな」
　ギリシャはもともと守備を重視したチームだったが、日本に勝とうと色気を出してバランスを崩す可能性がないわけではなかった。初戦に敗れていたからだ。しかし、この退場で、彼らは〝自分たちの〟サッカーをやることに専念せざるを得なくなった。迷いのないチームは強い。

「サッカーの世界ではよくあるじゃないですか？　チームが10人になってやるべきことがハッキリすることがね」

そんな予想通り、両チームともゴールを奪えないまま、ハーフタイムへ突入する。

「これで負けるようなら、オレたちは相当弱いってことになるなとは思っていましたね。監督からは両サイドの選手は前に行ってもいいけど、ある程度はバランスを意識するようにというような指示だったかな」

こうして、後半になってからはさらに前へ出ていくことになるのだが、チームとしての弱点が頭をよぎった。

「オレらはロングシュートが上手くない。実際、ロングシュートでバーンと点をとったイメージないから。それが出来れば、戦い方も変わって来るけど……。日本があまりロングシュートを打ってこないのがわかれば、相手は引いているだけでいい。そうやって守備を固められたら難しくなると思った」

後半になると、内田は積極的に前へと出ていくようになった。

これまでは、守備を最優先に考えてきたものの、この試合で勝てないようでは厳しくなる。また、マークすべきサマラスの能力もわかっていた。だから、カウンターには気をつけながらも、攻撃に意識を傾けていった。

大きなチャンスはまず、後半23分に訪れた。内田が右サイドを飛び出していく動きを、香川はしっかり見ていてくれた。ペナルティーエリアで香川からのパスを受ける。スピードを落とさないように気をつけながらゴール前の様子を確認して、速い弾道のクロスを送り込む。スピードとコースに気をつかったボールはゴール前に行き相手のキーパーもディフェンダーも追いつけない。一番遠いところにいた大久保がフリーでボールを待ち構えていた。

しかし、左足で合わせたシュートはゴールの枠をとらえきれない。クロスバーの上に飛んでいってしまった。

「ああいうプレーはシャルケでも常にやってきたから。真司がボールを持ったので、絶対に自分のところにパスが出てくると思って、走りました。狙うのはディフェンスラインとキーパーの間かなと思って……」

天を仰ぐが、立ち止まっているヒマはない。3分後には、左サイドの長友（佑都）がクロスを送ると、内田はゴール前に入っていく。こぼれてくるかもしれない。岡崎が粘り、ボールはこぼれてきたが、内田のシュートは右に外れる。

「敵がゴチャゴチャしていたから……クリアできないと思って。だから、ゴール前までつっこんでいきましたけど、タイミング的には、あれが限界だった……」

それでも内田はペースをゆるめない。後半38分にも右サイドを切りさく。一瞬だけ中を確認する。

「あそこに誰かが入ってくれれば、さわればゴールになる」

UCHIDA
2
adidas

4K

das
2

瞬時に判断して、ディフェンダーとキーパーの間にクロスを入れる。低くて、スピードのあるボールだ。

香川と岡崎がゴール前にいたが、内田の狙いと彼らの狙いは異なっていた。彼らは2人とも、ディフェンダーから見ると、ゴールとは逆の方向に入ってしまっていた。

「点のとれるポイントがあそこだと思ったのですが、タイミングが合わなかっただけじゃないですか」

試合後には淡々とそう振り返ったが、逆に、世界トップクラスの選手のすごさを実感することになった。

「例えば、シャルケではクロスを入れようとするとなぜかフリーの選手がいる。もちろん、ゴール前に入ってくる人数が多いというのはあるんだろうけど、フンテラールとかはやっぱり、上手くフリーになっているから……」

ただ、内田と同じ、サイドバックの選手である酒井高徳はこんな風に見ていたという。

「(内田選手は)90分間の試合の中ですごく大事な場面で、スッと前に出てくる。そういう試合を読む力がすごいですよね。例えば、10回もオーバーラップできたからといって、良いパフォーマンスだったとは言えないと思う。大事な場面を逃さなければ前線に上がるのは1回でいいと思うし。自分が前に行くべきなのか、行かない方がいいのか。それを見極める力がある。これは僕の勝手な想像かもしれないですけど、ＣＬなどに出ていると、レアルみたいな強い

20
ntiner

al
Castrol

チームと対戦することも多い。そうなると、相手に押されたりするでしょうから、そのなかで、『今は前に行くべきだ』というタイミングを見計らって、オーバーラップをしないといけないはず。そういう試合をいっぱいやっていったら、僕にも篤人君みたいな力がついてくるのかなと思います」

コートジボワール戦の反省を活かして、攻撃でも存在感は出せたかなと内田は思った。しかし、ゴールは遠い。時間だけが刻々と過ぎていく。かすかな心配が現実味を帯びていく。

そして、試合は０－０のままで終わりを迎えた。

次の試合にグループリーグ突破の可能性を残したものの、相手よりも１人多い状態で50分以上を戦い、０－０の引き分けだ。勝ち点1をギリシャと分け合うことになったが、この引き分けに、大きな価値を見出せたのは、退場者を出した相手の方だろう。

「いつかゴールは入るとは思っていたし、1点とれればこっちのものだと思っていたけど、とれなかった。もちろん、相手も頑張っていたし。普段はドルトムントでプレーしている相手のセンターバック（パパスタソプロス）は、ことごとく跳ね返してきたからね。それがオレたちの実力だったということかな」

ギリシャ戦の前に勝たないといけないと言っていたにもかかわらず、引き分けに終わってしまった。勝ち点はわずかに１。かろうじて決勝トーナメントへの可能性を残しつつ、最後にグループの中で力が頭一つ抜けているコロンビアとの試合に臨むことになった。

2014 FIFA World Cup Brazil

19.06.2014　ナタール　アレーナ・ダス・ドゥーナス

日本 勝ち点1	**0**	0 0	0 0	**0**	**ギリシャ** 勝ち点1

ザッケローニ	監督	サントス
	得点	
長谷部■	警告	カツラニス■(■27／38分) ■サマラス ■トロシディス
長谷部→遠藤(46分) 大迫→香川(57分)	交代	ミトログル→ゲカス(35分) フェツファジディス→カラグニス(41分) コネ→サルピンギディス(81分)
16(11)	シュート(枠内)	9(5)
569(86%)	パス成功数(率)	143(59%)
68%	ボールポゼッション	32%
102km	総走行距離	95km

Man of the Match **本田圭佑**(日本)

ともに初戦に敗れており、この試合に負ければ敗退が決まる状況だった。守備に定評があり、カウンターを得意とするギリシャは退場者を出したために、徹底的に守りを固めてきた。日本はボールを支配したものの、思うような攻撃は繰り出せないまま時間が過ぎた。内田も再三にわたり攻撃に参加して決定機を作り出したものの、結果は負けに等しい引き分けとなった。

atsuto's VOICE
19.06.2014

日本代表対ギリシャ@アレーナ・ダス・ドゥーナス

――この結果については?
「勝ちには行ったんだけどね。ゴール前を固めて守るというのはギリシャの得意な形ですから、なかなか崩れなかった。チャンスはありましたけど。一つ入れば……というシーンはたくさんありましたね」

――試合前のプランは?
「バランスは上手くとりながら。とりあえず、勝たないといけないのでね。3、4点とって勝つわけではなくてね。サイドバックは特にバランスを意識しながら。10人になって、特に両サイドを上げに行きましたけど」

――ギリシャの戦いぶりについては予想通りだった?
「うーん……危ないシーンはショートカウンターかなと思いましたけど」

――こぼれ球も拾えていましたが……
「まぁ……何年も言われているけど、『ゴール前』じゃない?　シュートの精度とかだけじゃなくて、『ゴール前』じゃない?」

――『ゴール前』というのは、具体的に言うと?
「それは……点が入るときは入るし、入らないときは入らないから。サッカーはそんなもんだから」

――右サイドから何度もチャンスを作っていましたが?
「1本、ヤット（遠藤）さんが空いていたので、出しました。もう1本は速いボールを（DFラインとGKの）間に。中は強いなと思っていたので、普通に上げても難しいなと思っていました」

――香川選手が先発から外れましたが……
「監督が決めることですから、オレらはなんとも思わないですけど。彼はベストのプレーヤーだと僕らは思っていますし。彼に出来なければ、日本中探しても代わりはいないと思っていますから。僕らは信頼して、彼が途中から入ってくれば良い影響があると思っているし。最初から11人、ベストの選手を並べなきゃいけないというルールじゃないですからね。途中から入ってくる……（初戦のコートジボワールの）ドログバもそうでしたけど、今日はたまたま彼を切り札として監督が使ったのかなと思いますし。別に彼のことは心配していないです」

――岡崎選手が左に入って、普段とは右サイドと左サイドの役割に変化があったのでは?

「どうですかね。(右に入った大久保)嘉人さんには嘉人さんの良さがあるし、岡ちゃんには岡ちゃんの良さがあるし。そこら辺は僕らディフェンスが負担していければ良いと思っていましたし。7番の選手(サマラス)が良い選手だというのはわかっていましたから。でも、そんなに……ゴールキックからヘディングが来るのはわかっていましたけど、そこで負けてもセカンドボールをしっかり拾えていたし、危ないことはないなと思っていましたし、つぶれ役でもいいなと思っていましたから」

――岡崎選手は普段よりも中に入り、前にとどまる感じがありましたが……
「途中で岡ちゃんは1トップのところに入りましたしね。点をとれる選手が前にいるのがいいんじゃないかなというのはあるんじゃないですか。そこら辺は前の選手の感覚と監督の指示なのでわからないですけど」

――右サイドでコンビを組んだ大久保選手とはどんな話を?
「試合前のミーティングで、嘉人さんが出るんだと思いましたけど、『どういう指示をされていますか』と聞いて、『別に何も』と言っていたので、ある程度はむこうの選手が上がってきたら僕が見るので、後ろのことは気にしないで、下がらないでいいですと伝えました」

――相手が10人になって嫌な感じがしましたか?
「オレは嫌でしたね。サッカーの世界ではよくあるじゃないですか？　チームが10人になってやるべきことがハッキリすることがね。しかも、それが、(もともとの)ギリシャの戦い方なので。縦パスを何本か入れて、カスッと取られるという悪いイメージは僕の中でいくつもありました。だから、そこだけ気をつけてバランスをとっていました。やっぱり、みんなが前に前に、となったときには一番危ないと思うし。今日はボール回しのときにお客さんがワーワー言う感じで。僕はああいうのは好きなんですけど、ああいうときに一番、バランスは崩れるので」

――前半、大迫選手がパスミスをして日本の右サイドからギリシャがカウンターをしかけてきましたが、しっかりとスライディングをしてボールを奪えました。あのシーンではスライディングで奪えるという自信があったのですか?
「球際に関しては、ドイツでもやっていますし、そんなの意識していないですよ。普通だと思います」

――90分無失点で乗り切れたことを考えれば、日本の狙いはある程度はまっていたと?
「結果が出ていないので、出来ていないんじゃないですか。メチャメチャ簡単な話だと思います。結果が出ればOKだし。それはでも、W杯に限らず、リーグ戦でもCLでもEL（ヨーロッパリーグ）でも、お金をもらっている以上は勝つことが大事だと思います」

――ゴールを奪えなかった理由は？
「相手もいることだし、よく跳ね返してきましたよ、むこうのセンターバックはね。何回か良いシーンはありましたけど」

――後半に岡崎選手がもつれたこぼれ球を内田選手がシュートを打つも、右に外れたシーンがありましたが？
「敵がゴチャゴチャしていたから……クリアできないと思って。だから、ゴール前までつっこんでいきましたけど、タイミング的には、あれが限界だった……」

――後半に右サイドの深い位置に飛び出して、香川選手からのパスを受けて、クロス。大久保選手の決定機を演出したシーンがありましたが、前の試合でもオフサイドになったものの、同じように右サイドの深い位置まで飛び出していったシーンがありましたが、ああいう飛び出しは常に狙っている？
「ああいうのはシャルケでも常にやっていましたし。真司がボールを持ったので、絶対に出てくると思って、走りました。マイナスに確か、岡ちゃんが動き出して、本田さんもいた気がするけど、DFラインとGKの間かなと思って」

――自分たちのサッカーをしたのに、結果が出なかったという感じですか？
「（大会前には）初戦だからとか、（この試合の後には）次に絶対に勝たなきゃとか（話していたし）、今日の試合でもそうでしたけど勝たなきゃいけなかった……。根本的なところかな。サッカーをやるからには負けたくはないじゃないですか。W杯でも練習試合でも、次のラウンドがかかっている試合でも、全部やるからには負けたくはないので。もちろん、勝たないと話にはならないですけど、そこはいつもそう思っていますから。いつも通りに」

――本田選手からのパスを受けてクロスを入れたものの、ディフェンスにクリアされたシーンの直後、楽しそうな表情をしていましたが
「たぶん、（誰かに）入ってきて欲しかったんだろうね。あそこのポイントに、1人。楽しそうだった？」

――充実してサッカーをしているような雰囲気でした
「集中していたから……あまりわからないけど」

――前の試合ほど苦しい試合ではなかった？

「相手が10人になって、僕らがボールを持てるシーンはあったから。そういう意味では、こちらが主導権を握れる状況だったから、人数的には。相手が10人になって勝てなければ(次に対戦したとしても)勝てないでしょう」

——ギリシャは途中から、引き分けでも良いという雰囲気があった?
「いや、でも、途中で、カウンターとか、セットプレー(CK)が3、4本続いたシーンもあったし。ちゃんと点をとりに来ていたから。変な時間稼ぎもしなかったし、本当にフェアに戦ってきたし、良いチームだったね。全員集中していたし、最後まで」

——試合後にブラジル人のお客さんからはブーイングも出ましたが?
「ブラジル人は点が入った方がいいんじゃないですか。オレが見ていても、点が入らなかったら、あぁ……と思うし。ブラジルの試合じゃなかったし、点が入るところが見たかったんじゃないかな」

——個人的には今日はどういう意気込みで?
「ホント、普通にやるだけだと思っていました」

——それは出来ていたと思いますか?
「それは周りの人が見て決めることだけども、でも、(サッカーは)チームスポーツじゃん? 団体競技って結果が出ないとダメ。オレはディフェンスだし、チームが勝たなきゃ評価されないと思っているから。だから、勝たなきゃね」

——アディショナルタイムが何分あるのか試合中に確認できましたか?
「まぁいいんじゃない。だいたい感覚でわかるし。何試合もやっているから」

——岡崎選手と香川選手がゴール前にいたけど、合わなかったシーンは?
「点のとれるポイントが僕にとってはあそこだと思ったので、あそこに入ってきて欲しかった。ディフェンスの前に。でも、タイミングが合わなかっただけじゃないですか。ニアじゃなくて、抜けた、1個裏のところで」

——数的優位ではあったけど、ギリシャペースだったと感じていた?
「選手が10人になったから引いてきたんで」

——ボールは持っていてもテンポはそれほど良くなかった?
「10対11で戦う難しさもあるし、それがむこうの戦い方というか、もともとの戦術なので。横、横、ときて、狙いどころの縦パスがむこうはあったから、それは少し怖かった。そこから出てくる選手は見ていて怖かったかな」

atsuto's VOICE
22.06.2014

日本代表ベースキャンプ@イトゥ取材エリア

——昨日の練習が休みだと知らされたときは?
「休みかぁと思いました」

——かなり疲れもたまっていたのですか?
「いや、全然。だって、1日に1回しか練習していないし。それに試合の間隔が中4日ありますから」

——監督は選手たちのメンタル面を考慮して、休みを設けたと話していましたが
「どうなんですかね。個人的には追い込まれた方が力は出ると思っていますし。リラックスするのも大事ですし。監督がいろんな手を使って、自分たちがリラックスするにはどうしたらいいのかを考えてくれているので。こうやって、いくらしゃべっても……やっぱり、グラウンドで示さないと」

——追い込まれた方が力は出る、というのは?
「チームのみんなのメンタルは知らないのですが、個人的にはデカい試合とか、良い相手のほうが、僕は……。モチベーションが上がるというか、追い込まれた方が良いプレーを出来る傾向にあるので」

——コロンビアのような上手さも強さもあるチームとの対戦が楽しみだということ?
「スタジアムの雰囲気がすごく良いので。南米のチームだと(相手の)ホームっぽい雰囲気になるじゃないですか? グループリーグの試合も見ていましたけど、あぁ、良いチームだなと思っていましたし。(コロンビアサポーターが大挙してやって来そうなので)アウェーの雰囲気になりそうですけど、僕はああいうのがすごく好きなので。良いんじゃないですか」

——スタンドに来るファンの数は圧倒的にコロンビアファンが多くなっても問題ないと?
「僕は大丈夫です。(シャルケ04のライバルの)ドルトムントの(ファンで埋めつくされる)スタジアムも(僕にとっては)良いスタジアムですから、慣れています」

——シャルケ04の選手としては、やはり、ドルトムントと同じように黄色のユニフォームを見ると燃えますか?
「いや、それは(関係)ないけど(笑)、良い色とは言えないですよね」

——先ほど、追い込まれた方が力は出ると話していましたが、そういう状況で良い結果が出た試合は覚えていますか?
「いや、どの試合というのはないですけど。なんだろう……ストレスのかかる試合と

か、CLとか大きい大会、上に行けば重圧のかかる試合は自分がしっかり準備しないといけないから、試合前に。だから、親善試合などとは、自分のなかでは違うかなぁと思いますけどね」

——CLでたとえるならば?
「バレンシアやインテルなどと、良い試合をやってきましたし。そういうしびれる試合というのは、経験してきたつもりですし。だから、特別なことではなくて、普段通り、いつも通りですね」

——平常心でやるべきだと思いますか?　それとも他のやり方がある?
「ないですね。普段通りだと思います」

——ここまでチームは普段通りの試合を出来ていない感じがありますか?
「うーん……どうだろうなぁ……。結果が出てこないと、やっぱり、そういう風に思われても仕方がないと思うし。でも、やるのは自分たちだから。出来ていない、出来ていないと思うよりは、出来ていることもあるし」

——普段通りに出来ているプレーというのは具体的にどういったところですか?
「なんですかね……。秘密です」

——ギリシャとの試合では、内田選手のクロスに上手く飛び込めなかったことについて岡崎選手が悔やんでいましたが、彼とは試合後に話はしましたか?
「点をとれるポイントはみんなわかっていると思いますし。点のとれる場所、タイミングが合わなかっただけなので。苦しい時間とか、点をとりたいところに入ってきてくれれば、僕もそこに入れるということじゃないですかね」

——ここまでの日本の戦いのなかで右サイドの調子は良いのでは?
「そう思っていただけているのなら、僕としても嬉しいことですし。でも、やっぱり、僕はチームが勝たないと評価されないと思っていますし。それはずっと前から、言ってきたことですし。鹿島もそうですし、優勝して、勝って、次があるというか。勝つことをすごい求められてきたから、結果が出ていないというのはすごくもどかしいと思いますね」

——日本が決勝トーナメントに進出する条件は、ギリシャ対コートジボワールの結果やスコアによって変わってくるわけですが、コロンビアとの試合で状況に合わせて戦い方を変えたり、ゴールを狙いにいったりすることも考える?
「どうなんだろう……。監督がハーフタイムにそれ(他会場の経過)を言うのか言わないのか、ゲームの最中に言うのか言わないのか、そこは任せますけど。試合の入りは普通でいいんじゃないですか。そんなに変えることはなく……。そこは監督に任せます」

――そういう経験は今までにあります?
「今までグループリーグの試合もたくさんやってきましたから。そういう試合で大事なのは、鹿島のときもそうですけど、まずは自分たちのこと。それが(鹿島時代の監督の)オズワルド(・オリヴェイラ)がしきりに言っていたことなので」

――ただ、タッチライン沿いにいるポジションの選手としては監督からの指示をみんなに伝える役割を担うわけですが?
「ベンチの指示を僕に言われるのなら、みんなに伝えないといけないので。上手くというか、みんなに言うだけです。僕の声は通るので大丈夫です。ピッチの上で何が出来るか、だと思います!」

JFA
adidas

GOL.MCD.COM
Johnson & Johnson
adidas

GOL.MCD.COM
VISA

24.06.2014　日本代表対

勝つのは難しいと思いながら試合をすることなんてありえない。ただ、大会が始まる前から、コロンビアは日本のいるグループのなかで頭一つ分だけ実力が抜けていると内田は感じていた。

そんな相手に勝つ以外に決勝トーナメントに進む道は残されていないのだ。かなり険しい道のりだと思わざるを得なかった。しかも、仮にコロンビアに勝ったとしても、他会場で行なわれているコートジボワールとギリシャの試合の結果によっては、グループリーグ敗退が決まってしまう。

ただ、試合前に内田の頭の中にあったのも、シンプルな考えだった。

「相手よりも先に失点しないこと。先にとられたらオレたちが前に行かないといけない。そうなったら、前がかりになったところで自分たちの背後をとられちゃう。だから……前半は０－０で終わっても良いとも思っていたかな」

しかし、思い通りに試合が進むことはなかった。

前半16分、今野のスライディングがラモスの足に引っかかるのが見えた。黄色いユニフォームがピッチに倒れてから、主審の笛が鳴るまでの間に内田は思わず、下を向いてしまった。先制点をあっさり許すような展開だけは避けたいのに……。主審がコロンビアに与えたＰＫは、クアドラドが決めた。

このシーン以外にほとんどチャンスを与えていなかっただけに、

悔やまれるワンプレーだった。ただ、だからこそ、前半のアディショナルタイムに岡崎のゴールが決まったときには、まだツキは残っているのかなとも感じた。

ハーフタイムには監督からバランスをとるようにという指示が聞こえてきた。あと45分でいかにして、巻き返すのか。その策に頭を巡らせていた。もちろん、簡単にイメージできるものではなかったのだが。

同点に追いついたときには、自分たちはまだ運に見放されてはいないと感じていた。となれば、同点に追いつかれた相手にとっては、前半の45分は思惑とは異なる展開だったと感じられたはずだ。だからだろう、後半の頭から、コロンビアの監督は10番を背負うハメス・ロドリゲスを交代で送り込んできた。後にこの大会で得点王になり、レアル・マドリーに移籍することになる、攻撃の中心選手だ。

「あの10番が入ってきたことが全てです。もう……頭が上がりませんよ。途中から出てきて、流れをガラッと変える。相手チームの選手について、こんなことを言うのはおかしいかもしれないですが、一人のサッカー選手として素晴らしいと感じました」

ロドリゲスが入ったことで、コロンビアの攻撃は見違えるようにテンポと怖さを増していった。

P.ARMERO
7
2

P. ARMERO
7
2
JAMES
10

日本とすれば、グループリーグ突破のためには最低でもこの試合に勝たないといけないために、前がかりになる。前がかりになれば、試合巧者のコロンビアにそこを突かれてしまうのではないかという、試合前に抱いていた不安は的中することになってしまった。

後半10分、ロドリゲスがゴールを正面に見た位置からペナルティーエリアへ、ドリブルをしながら入ってきた。内田から見て右側に、マルティネスがフリーで待ち構えていた。当然、視界に入っていたし、警戒もしていた。しかし、まずはロドリゲスにシュートを打たせないようにしよう。それがこのときの判断だった。

「10番がスルスルと真ん中に来ていたから、どちらの選手をケアしようかは迷ったのは確かです。一応、自分の右にいた選手がシュートを打ってきても、スライディングすればさわることが出来るようにはしていた。運が悪いときはああいう風に……」

結局ロドリゲスはパスを送り、マルティネスがシュートを打った。内田はスライディングで、ブロックを試みた。実際に足で触れることは出来た。しかし、ロドリゲスのシュートを警戒していた分だけスライディングが遅れたため、内田の足に当たり、微妙にコースが変わったボールは、ゴールラインを割ってしまう。

「今になって思えば、中にしぼらず、サイドにいた選手についていけば良かったなと思いますけど、まぁ、それは結果論ですからね」

少し悔やむ気持ちはあるが、ロドリゲスの風格と能力には脱帽せ

NAGATOMO
5
YOSIDA

2

JACKSON M.
21
P.ARMERO
7

7
21

ざるをえなかった。

「こいつにシュートを打たせたら終わりだ、と感じさせるだけの迫力が相手の10番の選手にはあったということですよ」

そこから、日本は最後の力をふりしぼって攻撃に出ていく。相手のゴール近くまでボールを運んでいけたが、ゴールネットを揺らすまでには至らない。引き分けでは上には進めず、日本は少なくとも2点を決めないといけないのだ。時間だけがジリジリと過ぎていく。日本は、それまで以上に前がかりになっていった。そして、コロンビアのカウンターの餌食《えじき》になってしまった。

後半37分、コロンビアに絶好のカウンターの機会を与えてしまう。ロドリゲスがボールを運んできて、ぽっかりあいていた日本の左サイドのスペースにパスが出てくる。これをマルティネスに決められてしまう。残り時間が8分となったところで、2点差だ。絶望的な失点だった。

コートジボワール戦ではゴールを決められたあと、すぐさまボールを拾いに行った内田も、このときばかりはピッチに倒れ込んだ。隣にいた吉田が手を貸してくれるまで、起き上がることが出来なかった。

「もちろん、あきらめたわけではないけど、これで終わりなのかと思ったのかな……。あのときには足もだいぶ痛くなっていたけど、監督はよく交代させないでいてくれたと思ったくらいでね」

adidas
JFA
JAPAN
2
2

内田とともに日本の守備を支えてきたゴールキーパーの川島の目には、こんな風に映っていたようだ。

「篤人は怪我については何も語りませんでしたが、試合ごとに増えているテーピングの量を見て、かなり痛むのだろうなとは思っていました。もちろん、彼はそういうことは口にしないので、こちらからあえて聞くことはしませんでしたが。大会中に限らず、いつもそうですけど、彼はそれほど多くを語らないでプレーする。でも、4年前の悔しい想いとかもうちに秘めて戦っているんだろうなと思って見ていました」

さらに1点を奪われた日本は、結局1－4という大差で敗れることになってしまった。

大会前、日本の選手のなかにはW杯で優勝を目指したいという意見もあれば、過去最高のベスト8進出を目指すという声も上がっていた。

しかし、最終的には1勝も挙げることなくブラジルをあとにすることになった。

対照的に、日本と同じように1分1敗の成績でグループリーグ最終戦を迎えたギリシャがコートジボワールを下して、グループ2位で突破を決めている。

言い訳のしようもなかった。

「僕たちは勝ち点１しか、とれなかった。逆に、ギリシャは最後まで粘って、よく上に行ったなぁと思います。こういう大きい大会で自分たちのサッカーが出来ればいいというのはありますけど、そう簡単にはさせてくれないですからね。もちろん、自分たちのサッカーをやれれば勝てます。でも、相手のレベルが高くなってくると、そんなことは出来ないから。じゃあ、どうすればいいのか？日本はボールを持てなかったし、むこうの選手は一発で決める力を持っているし。地力の差が大きかったということじゃないですか」

試合後には、「日本代表が1試合も勝てないなか、内田選手のパフォーマンスは良かったのではないか」と指摘してきた記者もいたが、その意見はやんわりと否定した。

「いや、自分一人がよく出来たなんて思っていないですよ。負けて、話しても、何の説得力もないですし、かっこ悪いでしょう」

そう答えて、記者の前を通り過ぎた。

2014 FIFA World Cup Brazil

24.06.2014　クイアバ　アレーナ・パンタナール

日本 勝ち点1	**1**	1 0	1 3	**4**	**コロンビア** 勝ち点9

ザッケローニ	監督	ペケルマン
岡崎(45+1分)	得点	クアドラド(17分) マルティネス(55、82分) ロドリゲス(90分)
今野	警告	グアリン
青山→山口(62分) 岡崎→柿谷(69分) 香川→清武(85分)	交代	クアドラド→カルボネロ(46分) キンテロ→ロドリゲス(46分) オスピナ→モンドラゴン(85分)
24(13)	シュート(枠内)	13(9)
382(74%)	パス成功数(率)	264(66%)
55%	ボールポゼッション	45%
107km	総走行距離	104km

Man of the Match **ジャクソン・マルティネス**(コロンビア)

自力でのグループリーグ突破の可能性がなくなっていた日本は、グループ最強と言われたコロンビアに勝つしかない状況。そんななかで先制を許す苦しい展開となったが、岡崎のゴールで一度は同点に追いついた。しかし、後半から出場したロドリゲスに守備を切りさかれ、ゴールを目指して前に出たところをカウンターでつかれる最悪の展開となり、大敗を喫してしまった。

adidas
11
FI
adidas
2

FIFA

atsuto's VOICE
24.06.2014

日本代表対コロンビア代表@アレーナ・パンタナール

——感想は?
「どうしても、自分たちが勝たないといけないのはわかっていました。前半が終わってギリシャがリードしているという情報も入ってきていましたし。そのなかで、勝ちきれなかった。バランスを崩して前に行って、こういうサッカーになっちゃったんですけど」

——前半は同点で折り返しましたが、そこまでは悪くはなかった?
「いや、こういう試合で先に失点したらいけないというのはわかっていましたし。(ただ)前半で追いつけたのはラッキーだなと思いました」

——ハーフタイムにはどういう話し合いをしたのですか?
「うーん……バランスをとるということについては監督が言ってました」

——コロンビアの守備をどうやって崩そうと考えていましたか?
「サイドから……僕が嘉人さんに入れたシーンもありましたし。フリーキックのチャンスも何回かありましたからね。こういう大会では、コーナーキックも含めてセットプレーから点をとれたら楽なのですが。あとは……前に行った分、後ろにかかる負担はだいぶありましたし。むこうにはペナルティエリア内で仕事が出来る選手がいて、僕らの後ろを常に狙っていましたし。むこうの戦略通りだったのかなという気もしますけどね」

——敗因は先制点をとられたというところにつきるのでしょうか?
「ちょっとガクッと来た部分はありますけど、サッカーの試合なんてそういうことばかりですから。それでも前半のうちに追いつけたのは本当に良かったと思います」

——後半からハメス・ロドリゲスが交代で出てきましたが、初戦で途中からドログバが出てきたときのように、流れを相手に持っていかれましたか?
「ドログバとはちょっとタイプが違いますけど、あそこで上手くボールを持てる選手がいる。それにロングシュートもありますから。あそこからサイドに振られて、最後は真ん中で点をとられた。やっぱり良い選手だと思いますし。(脅威となったのは)真ん中のところでしたね」

——相手の勝ち越しゴールの場面については?
「あそこまでスルスルと来られたら、僕も中にしぼりますし。サイドをある程度は捨てるというのはしょうがない部分もあった。足には当てましたけど、まぁ(入ってしまったのは)しょうがないのかな」

——3試合で1分2敗という結果についてはどうとらえている?
「しょうがないですからね。勝ち点1しかとれなかったし。逆に、ギリシャは最後まで粘って、よく上に行ったなぁと思いますし。こういう大きい大会で自分たちのサッカーが出来ればいいというのはありますけど、そう簡単にはさせてくれないですからね」

——試合中に他会場の試合状況はことあるごとに選手に伝えられていたのですか?
「いや、ハーフタイムだけですね。試合の途中にはあまり気にしていなかったです」

——こういう結果に終わったことで、後悔する部分もある?
「監督が上手く……やってくれようとしていましたし。監督は今まで通りにやっていこうということを常に言ってましたから。選手がそれを出来なかったんだというのを強く感じます」

——今まで通りに出来なかった理由は?
「自分たちのサッカーをやれれば勝てます。でも、それは出来ないから、相手のレベルが高いと。日本はボールを持てなかったし、むこうの選手は一発を持っているし。これが地力だということじゃないですか」

——自分たちのサッカーが出来ないときにどうやって勝つのかをつきつめていかないといけないと?
「それが大事だと思います」

——では、どうしたら良かったと思いますか?
「いや、わからないです」

——例えば前回大会のように相手の戦いに合わせた戦いをするべきだったと?
「それも一つだと思うし。逆に、自分たちのサッカーをつらぬこうとするのも一つだと思うし。結果論ですからね、今言っていることは。まぁそれで結果が出なくて、ああだこうだ言っても仕方がないし、『たら』『れば』はないですからね。もう終わったことは終わったことだし」

——コンフェデレーションズカップのあとには、あと一歩のところで力が足りなかったというような意見や、球際の競り合いの強さが足りなかったという話も出ていましたが?
「負けたときはやっぱり、(常に)そこじゃないですか、全部。勝ったときには別にそういうことは気にしないけど、負けたときにはどうしてもそこが目に付きますけどね。オレはずっとサッカーをやってきましたけど、オレが指導者になっても変わらないと思う」

――日本サッカーはこの4年間に進歩したと思いますか?
「進歩しているとは思います。実際にいろんな選手が海外に行って、世界でやれているのもそうだと思います。ただ、世界は近いけど、広いなという感覚はあります。それはこの大会で初めて思ったことではないですけど。ドイツに行って、すぐに思ったことでもありますけど。近くなったような気もするけど、広いですね」

――W杯で勝つためにはどういうことが必要だと思いますか?
「なんですかね……。そのためにやってきたつもりだったのですが、やっぱり、結果が出ていないのでオレが何か言っても説得力はないでしょう。勝ってから言わないと。勝ってから言いますよ、そういうことは」

――この大会を見ると、日本代表はチームとしても強化しないといけない一方で、個人の力をもっと上げないといけないと感じたのでは?
「でも、それは他の国もそうですからね。いろんなリーグでやっている選手がパッと集まって試合をやるのがW杯という大会。だから、結局大事なのは、自分たちの所属するチームで何をするかです」

――悔しい結果に終わったなかで、ポジティブにとらえられる部分はありましたか?
「うーん……まぁ、普通にやれたとは思います。だけど、結果が出てこないと何とも言えないでしょう。こういう世界では結果が全てでしょう」

――内田選手自身は良いプレーを見せられていたのでは?
「いや、自分一人がよく出来たなんて思っていないですよ。負けても話しますけど、勝った上でしゃべりたいなと思います。負けて、話しても、何の説得力もないですし、かっこ悪いでしょう」

――4年前のW杯には出られなかったわけですが?
「W杯がどんなものなのかなと思ったけど、普通のサッカーの試合でしたし、変わらなかったけど。結果が出ないとやっぱり……」

――4年前のサッカーが相手に合わせたものだったからこそ、今大会には自分たちのサッカーをしないといけないという意識が各選手のなかで強く働いたようですが、内田選手はどうでしたか?
「いつも通りやれれば……。まぁ、やれなかったのですが。そういうレベルの大会ですね」

――個人的にはいつも通りのプレーが出来てたと感じる部分もあった?
「いや、たぶん、いつも通りだったと思いますよ。そんなに変わらず。まぁシャルケの方が良いプレーが出来るかな(笑)」

――それはなぜ?
「なんでかな。それはずっと、この4年間の悩みでしたけどね」

――それはなぜ?
「いや、そこがわかっていたら……。周りの選手の問題ではないです」

2014FIFAワールドカップブラジル　グループC 勝敗表

試合日時		対戦カード			会場（都市）
6月14日（15日）	13:00（1:00）	コロンビア	3－0	ギリシャ	ミネイロン（ベロオリゾンテ）
	22:00（10:00）	コートジボワール	2－1	日本	ペルナンブーコ（レシフェ）
6月19日（20日）	13:00（1:00）	コロンビア	2－1	コートジボワール	ナショナル・スタジアム（ブラジリア）
	19:00（7:00）	日本	0－0	ギリシャ	ダス・ドゥーナス（ナタール）
6月24日（25日）	16:00（5:00）	日本	1－4	コロンビア	パンタナール（クイアバ）
	17:00（5:00）	ギリシャ	2－1	コートジボワール	カステロン（フォルタレザ）

※日時は現地日時（カッコ内は日本の日時）

順位	国名	勝ち点	試合	勝数	分数	敗数	得点	失点	得失差
1	コロンビア	9	3	3	0	0	9	2	+7
2	ギリシャ	4	3	1	1	1	2	4	−2
3	コートジボワール	3	3	1	0	2	4	5	−1
4	日本	1	3	0	1	2	2	6	−4

シード国のコロンビアが3戦全勝でグループリーグ突破を決めた。ギリシャは、初戦でコロンビアに敗れたにもかかわらず決勝トーナメント進出を果たした。初戦で敗れたチームがグループリーグを突破したのは、W杯が現行のフォーマットになってから5チーム目となる快挙だった。対する日本は、一度も勝利を手にすることなくグループリーグ最下位で大会を去ることになった。

ザッケローニ監督との別れ

コロンビア戦の翌日、ブラジルで拠点としていたイトゥでブラジルW杯を戦ったチームは解散することになっていた。ホテルでの昼食がチーム全員の揃う最後の機会だ。

ザッケローニ監督がみんなの前でスピーチをすることになった。

「もしも、もう一度、メンバー、スタッフを選べるとしても、同じメンバー、スタッフを選ぶだろう」

矢野通訳がいるから、最初は気づかなかった。だが、しばらくして監督の声がふるえていることに気がついた。

「オレは絶対に泣いちゃうだろうと思ったから、あらかじめ、メガネをはずして、監督の方がボヤけて見えないようにしていた。だから、監督が泣いているのも最初はわからなかったけど……」

監督につられて、涙がこぼれ落ちないようにするのに必死だった。長谷部がみんなの前で話しているときには、監督や選手だけではなくて、スタッフまで泣いていた。

「長谷部さん以上のキャプテンはしばらく出てこないだろうね。少なくとも今はいない。キャプテンって私生活を含めたところまで見られるけど、そこもあの人はちゃんとしていたから」

以前は、ザッケローニ監督のもとではプレーしたくないなと思ったこともあった。でも、最後はしっかりと自分のことを信頼してくれて、その信頼に応えたいと強く思っていた。

「やっぱり、イタリアのように世界でもサッカーで一流と言われる国の人から見ると、日本の実力は、まだまだなんだと思う。そのなかで、監督はよくやってくれた。結果を残せなかったのは、監督の求めるものに応えられなかったのは、単純にオレらに実力がなかったからだと思う」

だから、今は申し訳ない気持ちでいっぱいだった。

ブラジルから戻ってきてほどなくして、長谷部から電話がかかってきた。
「今度の火曜日、空いている？　空港まで監督を見送りに行かない？」

「行きますよ！」
もちろん、即答した。

atsuto's VOICE
25.06.2014

日本代表ベースキャンプ@イトゥ取材エリア

――試合後どんな風に過ごしていたのですか?
「とりあえず、メールの返信をして、寝ました」

――どんなメールが……。残念だったねというようなメッセージですか?
「帰っておいでって」

――昨日テレビで『代表を退くことはずっと思っている』と話していましたけど……
「けど?」

――それが『内田が代表引退か』というニュースになっているのですが。
「別に代表を辞めると断言したわけじゃないからね。この大会が終わったら、ちょっと考えようかなと以前から決めていましたし。まあ、なんだろう、ここ最近になって考えたことではなくて、自分のなかではだいぶ長い間、いろいろ考えることもあり、どうしようかなというか、っていうのはありましたけど」

――そもそも、この先に再び日本代表に選ばれないと引退かどうかの議論もできないと思いますが……
「そうそう。だから、(引退)どうこうという問題じゃないと思うんですけど」

――それくらいに『やりきった』と言える大会にしたかったと?
「そういうんじゃないけど。とりあえず、この大会が終わったら考えようと、漠然と考えていたから。考えようかなって」

――1年前にコンフェデで勝ち慣れないといけないと話していましたが、1勝も出来なかった。達成感のない、残してきたものが多い大会となってしまいましたが……
「どうしても勝ちがないと、報われない気はするけど。でも、まぁ、サッカーやってきて、そういう努力というのは、報われないことの方が多いんだから。それが勝負の世界かなという気がしますけど。報われるときなんて、優勝するときしかないんだから。決勝で負けようが、準決勝で負けようが、準々決勝で負けようが……。トップに立たなければ、努力は報われないなと思っているから。そっちの(負ける)経験のほうが断然多いし、しょうがないかなという気がするけど」

――4年前には試合に出られないで、次の大会を目指すというのがモチベーションになったと思いますが、4年後の大会についてはどう考えていますか?
「(今後について)決めてからじゃないかな。(それは)そんな大事なこと?」

――気になりますが……

「ほっといてください（笑）」

――先ほど、『そんな大事なこと？』と聞き返したのはなぜですか？
「まぁ……うん。難しいんだよな」

――日本代表全体にかかわることではなく、あくまでも個人的な問題だということですか？
「そうだよね。そうでしかなくない？」

――日本のファンからは『この代表で失っちゃいけないのが内田であり、その内田が引退するなんておかしい』という意見も出ているようですが？
「でも、それって人に言われて決めることじゃないから。なんか、もう、辞めるみたいな雰囲気になっているけど、そうやって決めつけるのはやめてください（笑）」

――クラブと並行して代表の活動をするのは身体にも大きな負担がかかりますよね？
「そこはやっぱりあるね」

――クラブでの試合に悪い影響があることも、なくはないと？
「クラブも代表も大事だし、代表をすごくリスペクトしている分、なんか100％の状態でいられない自分もどうなのかなって。みなさん、辞めると思ってるでしょ？　友だちからも『辞めるの？』って聞かれたから。あくまで、考えるだけだから。今始まった話じゃないから、オレのなかでは。こうやって言うっていうことはすごく影響力もあるし、なんだろう。そういう影響があるというのは、理解した上で、言っているつもりです。これで逆に、『これからも続けていきます』と言ったら、もう辞められないからね。追い込むにはもってこいだと思っている。もうやるしかないっていう……」

――実際に出場したＷ杯はどんな大会でした？
「（過去に）もっと難しい試合もあったし、この3試合だけが全てじゃないからね。3試合のために4年間やってきたわけで、勝てなかったのは本当に悔しいけれど」

――欧州のクラブでプレーする選手が増えてきて、コンディションを整えるのが難しいのでは？　シーズンを終えてこういう大会があるというのは大変ですか？
「イヤ。じゃあ、ドイツ人どうするのって話だし。そんなに気にしていないかな」

――この3試合で心に残ったシーンは？
「3試合でかぁ……（沈黙）……。3試合であるかなぁ。やっぱり国歌を聴いたときは一番。今まで何回も、何回もっていうとあれですけど。16、17（歳）からずっと試合前に聴いてきましたけど。国歌を聴いたときはやっぱりグッとくるものがありましたけど」

――そう感じたのは初戦のときですか？
「初戦もそうですけど……。あと、コスタリカの国歌も良かったね（笑）」

――練習試合で対戦したときに流れたコスタリカ戦の日本の国歌のことですか？
「いや、日本の国歌もそうだけど、コスタリカの国歌も良かったね。すごく良かった。すごいいい雰囲気でやれると思いましたし。自然とこう笑みがこぼれる感じが自分でもわかりましたし」

――先ほど、『影響力があるのはわかっています』と話していましたが、日本代表を強くするには、ファンの人たちにも色々と考えて欲しいという想いがあるということですか？
「そこまでは考えていないけど、自分が『考える』と言ったのは、そのときの感情だけで言ったわけじゃないし」

――世間のリアクションの大きさは予想通り？
「いや、リアクションは関係ないからね。オレのなかでは」

――実際にＷ杯を経験したことで、考え方が変わったりしそうですか？
「まぁ……このまま、終わってしまうと、なんか負け犬のような気がするし。うーん。ずっと抱いてきた気持ちもあるし。だからまぁ……。（一旦）考えますということです。本当にやる前から決めていたことだから。ちょっと1回考えようかなって」

――最終的に決めるのは次に選ばれたときの本能にゆだねるという感じ？
「どうなんですかね。それも一つの手かもしれないし。この（取材の後に）部屋に帰る間に思いつくかもしれないし。この取材の部屋に来るまでに決めてやろうかと思ったけど、全然決まらず」

――期限は決めていない？
「全然決めていない……（沈黙）……。みんな、『内田は代表を辞める』という風に持っていくのはやめてくださいよ！　（ひとまず）考えますって言っただけだから」

「代表」に関する、葛藤と逡巡

7月1日の火曜日。自らが運転する車に乗って、羽田空港の国際線ターミナルに到着した。4年間の仕事を終え、イタリアに戻るザッケローニ監督にはこう伝えた。

「4年間ありがとうございました」

監督はとても嬉しそうに見えた。
「ありがとう。こんな心づかいは反則だよ（笑）。オマエらにはイエロカードを出さないといけないな」

最高の形で送り出せたわけではない。W杯であのような結果になった以上、長々と話をするのも野暮だ。たとえ、短くとも、挨拶ならば、それで十分だった。

結果的に見れば、4年間にわたってザッケローニ監督のもとで内田は右サイドバックの選手としてコンスタントにプレーしてきた。しかし、常に順風満帆だったわけではない。
とりわけ、2012年には試合途中で酒井宏樹と交代を命じられることも多々あった。現在は同じブンデスリーガのハノーファーでプレーする酒井が、日に日に代表での存在感を増していたからだ。

「自分よりも年下の選手がライバルとして出てくるのって、何となく嫌な感じがする。宏樹のことが嫌だというわけではなくて、『ヤベぇなぁ』という感じ。でも、きっとオレが代表で試合に出させてもらうようになった時期には、先輩たちはこんな風に感じていたんだなぁと思った。年上の選手って、いろいろ大変なんだねぇ……」

もちろん、そう感じたのはライバルの能力を素直に認めていたからだ。

「宏樹は良い選手だなと素直に思うから。それに、ザックさんのようなイタリア人の監督からしたら、宏樹みたいな選手は好きなタイプなんじゃないかな。背も高くて、それでいて動けて、守備も堅い。だから、彼にポジションをとられるのも時間の問題かなとも思ったかな。当時のオレのプレーが良かったわけでもなかったし……」

ライバルと目される選手と接するときに、内田は常に心がけていることがあった。

例えば、2013年にブラジルで行なわれたコンフェデレーションズカップのイタリア戦のこと。後半に、酒井宏樹と交代で下がる際に、アドバイスを送っている。

「イタリアはオレたち（サイドバック）の後ろのスペースを狙っているだろうから、前に行きたい気持ちはあるだろうけれど、気をつけた方がいいよ」

このエピソードを話したら、驚いている記者もいた。ライバルに手をさしのべるのか、と。でも内田にとっては当然のことだった。

「フェアでいたいなと常に思っているから。レギュラー争いはフェアな方がいいでしょう？」

もちろん、それは酒井宏樹に対してだけではなく、左右両方のサイドバックとしてプレーしてきた酒井高徳に対しても同じだ。

「自分がサイドバックとして思ったことがあれば、宏樹はもちろんだけど、高徳にも普通に話していたかな。個人的に、サイドバックで一番すごいと思うのは高徳だってこと。W杯のメンバーで一番年下だったのに、（ブンデスリーガの）シュツットガルトでずっと試合に出ていた。普通は、あの年齢であそこまで出来ない。あいつは本当にすごいなぁと思って見ていた」

あるいは、ポジションの異なる選手との関係もそうだった。

例えば、右サイドのミッドフィルダーとしてプレーすることの多かった清武弘嗣。清武は尊敬する先輩の一人として、自著で「内田篤人」の名前を挙げ、2013年11月19日のベルギー戦のハーフタイムのエピソードについて記している。

あの試合では前半だけで交代を命じられた清武が、悔しさからハーフタイムに涙を流していた。だから、泣き止むまで内田はかたわらに立って見守っていた。

「あいつも、前半だけで代えられたりすることがけっこう多かったから。それでハーフタイムに気になって、ロッカールームを見に行ったら泣き始めて……。オレは泣き止むのを待っていただけですけどね」

2012年10月のブラジル戦など、内田も、同じように前半を終えた段階でザッケローニ監督から早々と交代を命じられた経験があった。だからこそ、清武の悔しさもよくわかった。

ベルギー戦のときは、試合後に矢野通訳を通して、「できれば清武と話をしてあげて欲しい」とザッケローニ監督に伝えた。

もちろん、清武に寄り添うだけではなく奮起をうながしたこともあった。

「オマエみたいにパスが出せる選手がいないと、パスが来なくてオレが活きねーだろ。それだと困るんだから頑張ってレギュラーとれよ！」

「そうッスよね。頑張ります」

清武はそんな風に前向きに答えてくれていたと記憶している。

この4年間で、内田を取り巻く環境は大きく変わった。

2010年の南アフリカW杯までは、若手選手として先輩にかわいがってもらうことも多かった。

ところが、それ以降の4年間は代表で中堅となり、後輩たちに気をつかう機会も増えていった。

「高校生のころから、年下の子たちには優しくしようと思っていたから、自分が変わったということではないけどね。ただ、鹿島の先輩の影響はあるかもしれない。（小笠原）満男さんとか、本山（雅志）さんなどが、面倒見の良い先輩だったから」

後輩である酒井高徳は、こう話していたようだ。

「篤人君って、気持ちのオンとオフの切り替えがすごいと思いますよ。それでいて、『よし、やるぞ！』と意気込むあまり、試合で空回りしてしまうようなことは、ほとんどないですよね。派手じゃないんだけど、同じポジションの選手として勉強になることばっかりです」

この4年間で、世界最高レベルのサッカーが繰り広げられるＣＬにコンスタントに出場するなど、シャルケ04での活動を通して、自信も余裕も手にすることが出来たと思っている。

だからこそ、悔しく思わずにはいられない。
例えば、コートジボワールとの初戦のあと。日本代表の練習ではプレーを何度も止めては、「こういうときには、どんな動きをするべきか」など、何度も話し合いが行なわれていた。

シャルケ04はもちろん、ＣＬに出るようなヨーロッパのクラブチームの多くは、話し合いを繰り返して自分たちのやりたいサッカーを模索したりはしない。そもそも、世界中から選手たちが集まってきて、それぞれの話す言葉も違う。意外に思えるかもしれないが、言葉を使って、細かいやりとりをするケースは決して多くはない。そこが日本代表で活動するときとの決定的な違いだ。でも、彼らは個人の経験や判断力をもとに、適切なプレーをして、チームとして機能する。確かな力があれば、言葉でのコミュニケーションはそれほど必要ではないはずだ。

それがわかっていたから、内田は代表の練習のときにはピッチ上での話し合いに参加しなかった。かといって、他の方法を採るべきだと主張することもなかった。それはその様子を傍観していたということではないのか。本当に、それで良かったのだろうか。

あるいは、2013年の10月から11月にかけてのこと。思うような結果を残せずに、日本代表の屋台骨が揺らいでいた時期にも、ミーティングに出てもみんなと腹を割って話し合っていなかった。そればかりか、選手だけのミーティングをする必要性がどれほどあるのか、と思うときもあった。

でも、黙っていた。代表の一部の選手だけでミーティングをしていたときに、「ここにいない人の気持ちを考えれば、こういう話し合いはやめた方がいいんじゃないですか」とかろうじて指摘したくらいだ。

そして、何より、日本代表のチーム全体が理想を追求するばかりに意識が向いているのを目の当たりにしても、自分は何も言わなかった。

「どうせ、そのうち、誰かに抜かれる記録ですよ」

ＣＬの出場試合数について聞かれると、いつもそう答えるようにしている。W杯前までに22試合（2014年12月2日現在は26試合）に出場しており、それは日本人選手としては歴代最多だった。メディアからは「歴代最多」という事実だけをとりあげられがちだから、いつか抜かれる記録だと答えるのがお決まりとなった。ただ、少なくとも現時点で日本人として最も多くＣＬに出ている選手として、チームに対して還元すべきものがあったのではないか。今はそう思わずにはいられない。

たぶん、それがリーダーシップというものだろう。

日本代表では中堅と言われる立場になったものの、みんなを引っ張るというような意識はほとんどなかった。

「アツトがもっとボールをもらいに行ったり、積極的な姿勢を見せてもいいんじゃない？」

コートジボワール戦のあとに、代理人の秋山から言われて、ギリシャとの試合では多少はチームを引っ張ろうという意識を少しは持てたかもしれない。でも、それでは遅すぎた。

思い出したのは、清水東高校のサッカー部に所属していたころのことだった。当時、自分はチームのなかでただ一人、年代別の日本代表に選ばれていた。他の高校ならば、日の丸を背負ったことのある選手が、チームメイトを引っ張っていく。でも、自分はそれが出来なかった。高校3年生の最後の大会を、静岡県でベスト8という成績で終えたとき、何を思ったか。

「もっと、オレがチームを引っ張っていくべきだった」

そう思って、悔しさをかみしめたのに……。

どんな大会であろうと、勝てないのは悔しい。負けていると歯がゆさばかり覚える。ブラジルW杯の1分2敗という成績はみっともないなぁとさえ思えてくる。

「言葉で伝えるのでも、プレーで見せるのでもない。オレに力があれば、何かを変えられたんだろうけど、そこまでの力がなかったということなのかもしれない。チームの中の11分の1の存在でしかなかった。あれだけＣＬに出ているんだから、みんなを引っ張るように動かさなきゃいけないのに。そこはやっぱり自分の力不足だった」

だから、もしも、「日本代表を引っ張れ」とか、「キャプテンを務めろ」などと言われる日が来るのなら……。

「やらせていただきます」と答えるだろう。

ブラジルW杯では思うような結果を残せなかっただけだが、日本代表におけるこの4年間を振り返ってみるときに、思い起こされるのはやはり、2012年の一連の出来事かもしれない。

はじめは2月29日に豊田スタジアムで行なわれたウズベキスタンとの試合のあと、違和感を覚えた。集中力を欠き、試合終盤には高校生でもやらないようなトラップミスをしてしまった。果たして、自分は何のために代表でプレーしているのだろうか、と思わずにはいられなかった。

この試合のあと、ホテルへと戻るバスの中で代表の一員としてプレーを続ける意義について、代理人の秋山と話しあった。

代表に対する疑念が強く出てきたのは、同じ年の10月16日に行なわれたポーランドのヴロツワフで行なわれたブラジル代表との親善試合のときだった。この試合でミスを犯した内田は、ハーフタイムに交代を命じられた。ミスを犯したのは自分が悪い。ただ、交代させるタイミングを監督が探しているように感じられたし、何よりも自分が代表でプレーするときにシャルケ04でプレーするときのような高いモチベーションで戦えていないように思わずにはいられなかったからだ。

ハーフタイムが終わり、代理人の秋山に電話をした。
「試合のあとに、監督に『もう代表に呼ばないで欲しい』と伝えにいっていいかな？」

秋山が電話に出るなり、そう伝えた。
秋山は、あのタイミングで自らの携帯電話に内田の番号が表示されたのを見て、ただごとではないと感じながら通話ボタンを押した。

「タイミングもタイミングですから、話していられるのもせいぜい1、2分。そこでどんなにキレイごとを口にしても意味がないわけですよ。契約についてもそうですけど、最後に決めるのは選手自身です。シャルケに移籍したのも彼は『アッキーが決めてくれた』とよく話していますけど、最後にサインをしたのは彼自身。こちらが何を言おうとも、彼が代表に呼ばないでくれと監督に伝えると決めたとしたら、それは誰にも止められない。ただ、監督のもとに行こうとしているのなら、その前にもう一度だけ、冷静に考えてもらいたかったんです」

秋山が伝えたのは、こういうことだった。

「代表は大変なことはあるかもしれない。でも、とりあえず2014年のブラジルW杯までは頑張ってみないか？　将来のことはわからないけれど、今は代表の一員に選ばれてサッカー選手としてW杯に出れば、ネイマールのいるブラジルのようなチームと真剣勝負ができるんだから」

結局、その試合のあとにザッケローニ監督のもとを訪れることはなかった。翌日、ドイツに戻ると、シャルケ04の練習場へむかった。前日の代表の試合に出た選手は別メニューで週末の試合へ向けての調整をすることを許されていたのだが、内田は代表の試合に出ていない選手と同じようにすべてのメニューを消化することにした。日本代表の試合でたまったストレスを晴らすのにはその方が良かったのだ。

「まぁ、あのときに急にわきあがった感情だけじゃなくて……。19歳で代表に入ったけど、21歳くらいから代表でプレーする意味を考え続けていた。『有名になるために代表の試合に出ているのかな？』と思っていたから。代表の試合に出れば、人気は出るかもしれない。代表の試合も、おそらくＷ杯も面白いのだろうけど、ＣＬはもっと面白いのに、なんで日本のみんなは興味を持たないんだろうと思ったりもしたから」

以前からくすぶり続けていたそんな思いは、なかなか代表のチームメイトには伝えられなかった。ただ、日本代表で長い間ともにプレーしてきた川崎フロンターレの中村憲剛にだけはときおり、話していた。

「そんなこと言うなよ」
中村はいつもそうやって、優しく返してくれていたのだが……。
もっとも、そう話すこと自体が日本人や、日本代表としてプレーする選手はもちろん、全ての関係者に対して失礼なのはわかっていた。

「そういう意識で代表の一員として活動するのは、やっぱりダメだと思うんだよね。他の選手たちはそういう思いでいるわけではないのに、違う考えを持っているオレだけがそこにポンと入るのは良くないと思ったから、代表を辞めなきゃいけないなと思った。オレみたいなやつは代表の試合に出るべきじゃないなと。だって、みんなのことを裏切っているということだから」

いつもかたわらでよりそっていた秋山には、当時の葛藤が伝わっていた。

「クラブでも、代表でもそれぞれで試合に出られるのなら選手として得るものはあると思うんです。シャルケとは異なる、日本代表という環境でプレーしていれば、シャルケでプレーするときにも何かしら還元されるものもあると思うんです。いわば、相乗効果のようなものですね。ただ、おそらく内田のなかではシャルケでの経験が大きすぎて、楽しすぎて、たぶんその相乗効果のバランスが悪かったんでしょうね」

それでも、最終的に内田がブラジルW杯まで頑張って日本代表の一員として戦い続けようと思えるようになったのは、秋山の言葉に納得したからだ。

「W杯でしか、本気を出したブラジル代表やドイツ代表のようなチームとは戦えないんだよ。もちろん、レベルだけを考えたらＣＬが頂点にある（試合な）のは間違いない。ただ、ＣＬに出たことがあるからといって、クリスティアーノ・ロナウドやメッシなどがそれぞれの代表の試合に出ないかというと、そうではないでしょう？どの選手もクラブと代表の両方で戦っている。両方を戦うことで苦しいこともあるでしょうし、葛藤もあるでしょう。でも、それを続けながら選手として強くなっていける。そうすれば、シャルケでプレーするときにも、助けになるはずだ」

当然ながら、あれ以来、代表について疑問を抱きながらプレーしたことはない。そこまでの話をして、納得した以上、心が揺れることはなかった。日本代表のために全力でプレーしよう。それだけだった。あの怪我後に必死のリハビリを続けていた理由の一つも、日本代表の力になれるように、自分にやれることをやろうと誓ったからだ。

そうしたやりとりがあったのを、どこからか聞きつけたのだろう。コロンビアとの最後の試合が終わったあとにＴＶ局の取材を受けた際に、今後も日本代表として活動を続けていきたいかどうか問われることになった。

「少し考えたいです」

そう答えただけだ。

代表での活動から身を引きたいと宣言したわけではない。ブラジルＷ杯の直後に、代表から退くと決めたわけではないと念押ししていたのに、『内田が代表引退』と報じられたのは残念だった。

このときまで、内田が心がけていたことは二つだけだった。

①W杯ブラジル大会までは文句を言わず、日本代表のために全力でプレーすること。

②ブラジル大会が終わってから、じっくりと今後のことについて考えること。

「グジグジ言うのも嫌だし、かっこ悪い。それに、アッキーとかに『辞めようかな、どうしようかなぁ』と言いながら、代表の活動を続けるのは、全ての人に対して失礼だと思いました。ただ、こうやってメディアを通してみなさんに知られた以上、次に代表に参加することになったら、もうやるしかない。『やっぱり、辞めたい』なんて言うことは出来ないから」

秋山は代理人の立場からこんなことを語ってくれた。

「もしも、はっきりと立場を表明することがあるとすれば、新しい監督のもとで日本代表のメンバーに選ばれたときだよ。選ばれるかどうかはわからないわけだから。呼ばれてもいないのに、代表を引退します、というようでは何様のつもりだ、ということでしょう。まぁ、篤人も『これから考える』と答えただけだから。

いずれにせよ、日本代表に呼ばれてもおかしくないくらいのパフォーマンスをシャルケで見せ続けないといけない。それは変わらない」

秋山の言う通りだ、と内田は思っている。

「代表について、ああだこうだという発言ができるのは、代表監督から声がかかったときだけ。その前に何も言うことはないし。そもそも、シャルケで良いプレーを見せなければ、そんな声がかかる可能性すらない。オレは（今までと）変わらず、シャルケでしっかりやるだけですよ」

ブラジルW杯のメンバーに選ばれ、本大会にむけて日本代表の選手たちとトレーニングをしていくなかで、内田には驚いたことがあった。

「大迫のポストプレー〝半端ねぇ〟と思った。鹿島のときの大迫も知っていたけど、すごく上手くなっていたから。そこに一番ビックリした。紅白戦でディフェンスをするときに、大迫からボールを取れそうにないなと思ったくらいだったから」

大迫のポストプレーの上手さを表現するのに最適なのは、ブンデスリーガで活躍するセンターフォワードの名前を挙げればいい。

「シャルケのフンテラールみたいだった。バイエルンのレバンドフスキも似たようなタイプだけど、ボールをしっかり収められて、シュートも上手い。力強いけど、なんか、やわらかいタイプの良いフォワードになったんだなと感じたね」

W杯の開幕するおよそ5か月前の2014年1月、大迫はそれまで所属していた鹿島アントラーズを離れ、ブンデスリーガの2部に所属する1860ミュンヘンへ移籍。自分よりも身体が大きい選手たちと激しく身体をぶつけ合う毎日を送ることになった。そこでの経験が、大迫を一回り成長させたのだろう。

わずか5か月。それでも厳しい環境に身を置くことで、急激に成長することは可能なのだ。

「それを考えると……もし、4年前の1月にマガト監督から『シャルケに来い！』と言われたときに移籍していたらオレにとっての南アフリカW杯はどうなっていたのかなとは思うかな。まぁ、あのときは当時の鹿島のオズワルド監督をはじめ、関係者に事前に話をしていたわけではないから、実際には移籍することは出来なかったんだけどねぇ」

大迫を見ていて、仮定の話をしたくなったこともあった。

もちろん、W杯に出たいと思って、この4年間サッカーをしてきたわけではないと断言できる。でも、南アフリカW杯で1分たりともプレー出来なかったという事実は、自分の中に悔しい気持ちとして残っていた。

「2010年の南アフリカW杯で試合に出られなくて、オレはあの経験を絶対に無駄にしたくない、何が何でも次に活かさないといけないと思っていたからね。それに、あの（W杯での）悔しさはW杯でしか晴らせないから。ただ、借りを返すために頑張ってはきたけど、ＣＬの決勝トーナメントの試合の方がタフだなとは感じたかな。W杯はふだんサッカーを見ない人も見るから、注目度があって、お祭りみたいなところはあるのかな」

4年前に試合に出られなかった理由はただ一つ。自分に実力がなかったからだ。

「だからこの4年は間違ってはいなかったとは感じた。だって、初めてプレーしたW杯でも動じずにやれたから。そのために頑張ってきたもんね。やっぱりシャルケを選んだのが良かったんだ」

W杯に出るためにシャルケ04を選んだわけではない。

だが、シャルケ04を選び、そこで頑張ってきたからこそ、W杯でもしっかりプレーすることが出来た。

一年のうちの大半を過ごすのは、代表ではなく、クラブだ。だから、代表のことだけを考えて、代表での活躍だけを望んでサッカーをすることなんて出来やしない。もし、そうしたら、クラブでの活動がおろそかになり、代表からも遠ざかることになるだろうと思っている。

クラブでの戦いに全力を尽くせば、サッカー選手として成長できる。選手として成長できれば、代表チームに入っても臆することなくプレーできる。

そんな世界のサッカーの常識を、身をもって示すことくらいは出来たはずだ。もちろん、日本のファンやメディアだけではなく、サッカー選手の自分でさえ、世界のサッカーについて、ドイツ人ほどにわかっているわけではない。

例えば、シャルケ04は1904年から、その歴史をスタートさせている。そんなクラブがいくつもあるドイツでは、選手もファンもメディアも、サッカーについてよく知っている。対する日本は、国内のプロリーグができて21年目を迎えたにすぎない。歴史が決定的に違うのだ。自分も含め、学んでいかないといけないことがたくさんある。

ＣＬの出場数のような記録は破られたとしても、シャルケ04で成長した選手が日本代表でもしっかり戦えるという記憶は残る。だから、サッカー界の常識を示せたことについてだけは、内田は少しだけ誇らしく思っている。

10.07.2014 Training at

Photographs by Orie Ichihashi

Shizuoka

22
NFTB

22

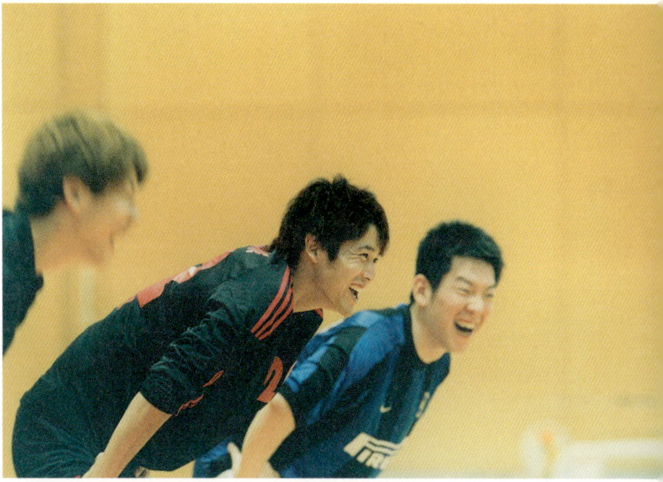

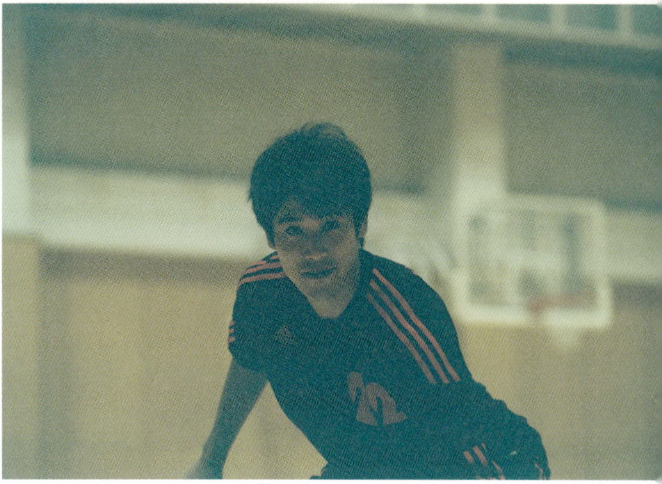

uch the sky
very night and day
and fly away
oar

27.09.2014 FC Schalke

W杯のあとの短いオフをはさみ、7月にシャルケ04に合流した内田篤人だったが、痛みを抱えながらW杯を戦った代償は大きかった。再びリハビリに取り組むなど、チームに合流してから実戦のピッチに立つまでおよそ2か月を要することになった。

9月23日に行なわれた第5節の対ブレーメン戦でスタメンに復帰してチームを今シーズン初勝利へと導くと、続く第6節にはホームに宿敵ドルトムントを迎え、リーグ戦では85回目となるレヴィアーダービーを戦った。試合の2日前にドルトムントに復帰した香川真司との対決はドイツでも大きな注目を集めていた。

内田は先発。一方の香川は連戦の疲れを考慮されて、ベンチスタートだった。シャルケ04のホームで行なわれた試合ではあったが、個の力で上回るドルトムントがペースを握り、猛攻をしかけてくる。それでも、シャルケ04は劣勢に立たされたチームが勝つ際のお手本のような戦いぶりを見せ、セットプレーから2ゴールを奪った。

内田は実戦に復帰してから2試合目だったが、守備では身体を投げ出して相手の攻撃を防ぎ、スライディングでボールを奪うシーンも目立った。試合終盤には足をつったが、交代することなく最後までピッチで戦い、2－1の勝利に貢献。香川がプレーしたドルトムントとのリーグ戦で、内田が勝利をつかんだのはこれが初めてのこと。結果を残すことが求められるダービーに勝ち、対戦成績を30勝30敗25分の五分とすると、試合後には安堵の表情を浮かべた。

「試合内容は悪かったけどね、それでも勝てた。ダービーっぽい試合だったね」

04 – Borussia Dortmund

BUNDES
LIGA
adidas

BVB
09

Online
EVONIK
GAZPROM
22

FC Schalke04
33
Neustädter
22
Uchida

Hermes

adidas
GAZPROM

Photographs:

AFLO

picture alliance | P29
Jinten Sawada | P31
Yusuke Nakanishi | P68, 89
Nikkan Sports | P70, 84, 87, 107, 173, 200（上）, 201（下）, 221
AP | P88, 106, 200（下）, 201（上）
REUTERS | P118, 124, 144, 171
Photoraid | P155（下）, 203
YUTAKA | P156（下）, 157
MEXSPORT | P161
FAR EAST PRESS | P168
Xinhua | P178（下）
D.Nakashima | P252, 255
7044 | P277
AFLO | P75, 139（上）, 156（上）, 254（上）, 256, 269

Getty Images | P86, 97, 137, 265

Itaru Chiba | P2, 4, 130, 148, 251, 254（下）, 278
Etsuo Hara | P134
Yasuyuki Kurose | P11, 21
Tomoki Momozono | P139（下）, 150, 155（上）, 165, 176, 178（上）, 208
Tsutomu Takasu | COVER, P24, 78, 83, 142, 147, 180, 184, 193, 194, 198（上）, 204, 214
Koji Watanabe | P198（下）

Styling:

Hajime Suzuki | P11, 21

Styling Cooperation:

adidas Japan K.K.
ÉDIFICE

あとがき | Text by Yusuke

私はブラジルW杯の取材のために、日本とブラジルの間を2往復した。周囲から、呆れられながら。日本とブラジルは地球のちょうど反対側にある。そのために時差は12時間もあるし、片道で30時間ほどはかかってしまう。

大会の途中で一時的に帰国することになったのは、この本のための内田の取材が6月29日に急きょ組まれたからだ。日本代表はブラジルW杯のコロンビア戦を戦い終えると、翌日にキャンプ地のイトゥで解散した。最後の取材を終え、チャーターしていた車に乗り、1時間半ほどの距離にあるサンパウロのグアルーリョス空港へ急ぎ、経由地であるニューヨーク行きの飛行機に出発時刻ぎりぎりに慌てて乗り込んだのを覚えている。

もっとも、自分と同じように日本代表の敗退が決まってすぐに日本へ帰国した記者は少なくない。ただ、彼らはみなその後、再びブラジルに戻ろうとは考えない。時間も労力もお金もかかるのだから、当然だ。それが普通だろう。私は他の選手のインタビューも日本でやらせてもらったこともあり、最終的には日本での最後の取材が準決勝の2戦目となるアルゼンチンとオランダの試合の日となった。残されているのは、3位決定戦と決勝戦しかなかった。

この本の編集者から「ブラジルに戻るよりも、この本に時間を割いて欲しい」と言われた。

それでも、決勝戦でのドイツの戦いぶりは内田の本を書くためにはどうしても現場で見ないといけないものだと考えた。

ドイツ代表の左サイドバックのレギュラーを務めたヘヴェデスは、シャルケ04が試合の前日などにホテルに宿泊する際、内田と相部屋で共に過ごす選手だった。また、この大会ではベンチから出場機会をうかがうことになった当時20歳のドラクスラーがホームスタジアムで使用しているロッカーは、内田のロッカーの隣にある。2人はよく冗談を言い合っているし、プライベートでシャルケ04の選手とあまり一緒に過ごしていなかった内田を無理やり連れ出したのもドラクスラーだった。

それだけではない。内田が「豆タンクみたい。やりづらかった。良い選手」と評したゲッツェがその決勝戦でW杯優勝を決定づけるゴールを決めたし、初戦から決勝戦までゴールを守りきり、ドイツ代表でＭＶＰ級の活躍をしたノイアーは、かつてはシャルケ04でキャプテンを務めており、内田も1年間ではあるが、ともにプレーした。

ワールドチャンピオンのそうそうたるメンバーは、内田が一緒にプレーしたり、敵として対戦したことのある選手ばかりだった。だからこそ、内田はW杯に出ても、特別に緊張せずに普通にプレーすることが出来たのだろう。

そう考えてみると、内田のこの4年間の発言がいかに的を射ていたのかがわかる。例えば、2013年8月の2-4と惨敗したウルグアイとの試合のあとのこと。

日本代表として理想を追求していくのは全くもって間違っていないと前置きした上で、自分たちの思い描く戦いが出来ないような試合では、理想はひとまずおいて、我慢を強いられても勝つためのプレーをする必要があるのではないか、と内田は説いていた。ブラジルW杯の準々決勝のフランス戦で退屈と見られかねないような堅い戦いをしてきっちりと勝った一方で、準決勝のブラジル戦のように7－1という攻撃的な守備と得点力で世界を驚かせたドイツ代表の戦いぶりを見た今では、内田の意見は少しもおかしいところがない。

しかし、当時は、「内田が代表に反旗を翻《ひるがえ》した」というニュアンスとともにその発言を伝えるメディアすらあった。反旗を翻したわけではないというのはもちろんわかっていたが、自分もその発言の意図を上手く伝えられていたわけではない。その後悔がある。

なぜ、内田は的確な意見を口にすることが出来たのだろうか。

内田が特別にすごかったということでもないと思う。前回のW杯からの4年間、内田はハイレベルで鬼気迫るような戦いを当たり前のように感じられる環境に身を置いていたからではないだろうか。このあとがきを書いている時点で、ヨーロッパサッカー連盟によるヨーロッパのクラブランキングでシャルケ04は8位だ。世界で8番目のクラブで内田はプレーしていると言い換えてもいい。あえて言うなら、内田がすごかったのではなく、内田のつかみとった環境がすごかったということだ。

2014年10月30日、内田はシャルケ04との契約を更新した。新たな契約期間は2018年6月30日まで（ヨーロッパでは新たなシーズンが7月1日に始まるので、契約期間は6月30日までになるのが通例）。つまり、2018年6月に開幕する、ロシアW杯の直前までの契約となる。

その翌日に行なわれたアウグスブルクとのホームゲームでは、試合前の選手紹介の際にスタジアムアナウンサーがこう呼びかけた。

「2018年まで契約を延長した、ウシダー！」

スタンドからは大きな拍手がわきあがり、そのあとにみんなが一斉に叫ぶ。

「アットー！」

この試合の内田は守備では身体をはり、スライディングをしかければ相手から見事にボールを奪いとっていった。攻撃では60m近くを1人で運び、フンテラールの決勝ゴールもアシストした。ブンデスリーガの公式ＨＰから、老舗のスポーツ誌『キッカー』までがこの節のベストイレブンに選んだほどだ。

もちろん、あのアシストはインパクトがあった。ただ、『キッカー』にこんな風に書かれていたことを見逃してはいけない。

「素晴らしいアシストを決めただけではない。守備でもとぎすまされており、意欲にあふれ、一対一にも強かった」

一目でわかる攻撃だけではなく、この4年間にわたり自らの本分だと強調してきた守備についても目の肥えたドイツメディアから評価されたのだ。

「なんで〝ウシダ〟と契約更新したのかって思われたらイヤだったからね……」

試合後にクールに語った内田だが、ファンが差し出してきたユニフォームにペンを滑らせながらつぶやいた。

「そりゃ、聞こえていたよー。うれしいねぇ」

内田が取材を終えると、いつものようにスタジアムを出て、駐車場へ向かった。その道すがら、シャルケ04のファンが次々とつめかけてきた。アウグスブルク戦のヒーローなのだから仕方がない。急ぎ足で進んでいたのだが、ファンが来るたびに足を止めて写真撮影やサインに応じていった。

そんななかで、「ウシー」と甘い声を投げかけてきたのが、70歳にもなろうかという高齢の女性だった。もちろん、青いユニフォームを着ている。

「今日はアナタをお祝いしなければいけないわね。素晴らしい、素晴らしい、素晴らしいわ！」

そう言うと、彼女が内田にハグをした。内田もそれに応え、抱きしめる。

「シャルケは1904年からあるクラブ。日本はまだＪリーグが出来て20年ちょっと。どこに差があるのかと言ったら、その『歴史』の差なんだよ」

日本とドイツのサッカーの違いを語る上で、内田がしばしば引き合いに出すのが、人々がサッカーとともに歩んできた時間の差だ。

あの日の内田は、そんなクラブの歴史を肌で知るようなファンからも祝福を受けた。シャルケ04の歴史の一部を生きる選手となっている証だ。現在のシャルケ04のメンバーのなかで、内田はチームの在籍年数が3番目に長い選手となった。毎年のように5人以上が入れ替わるチームで、5年以上にわたりプレーしてきた意味は小さくない。

内田が誰もがうらやむような環境をつかみとっただけではなく、そこでの競争に打ち勝ってきて、今がある。そう、ブラジルW杯後の新たな4年間を素晴らしい形でスタートさせたのだ。

この本のためのインタビューが終わりに近づいたとき、内田がボソッとこんなことをもらした。

「4年前のW杯では自分は試合に出られなかったけど、チームはそれなりの成績を見せられた。今回は自分としては最低限のプレーは出来たかなと思うけど、チームの成績が良くなかった。いつも、どっちかなんだよなぁ……」

W杯でプレーしてみたいと内田はたびたび口にはしてきたものの、リップサービスをせざるをえない場合をのぞいて、W杯に出られるように頑張りますという趣旨の発言をしたことはなかったはずだ。だから、これからの4年間でW杯を目標として頑張ろうなどと考えることはない。でも、きっとW杯が近づいたら、彼のなかでふつふつと燃え上がるものがあるのだろう。

「チームとしても、個人としてもそれなりに納得のいく成績を残せていないのはダサくないか？」

内田のブラジルW杯までの4か月半は、怪我というアクシデントから這い上がっていくための戦いだった。それはあたかも、前回の南アフリカW杯の後からの4年間の縮図であるかのようなものになった。

だからこそ、ブラジルW杯からの4年間に内田がどんなストーリーを紡ぐのかに興味をそそられる。

そして、4年後にこの本を読んだときに、こういうストーリーがあったからこそ、今の内田があるんだなと思えるような本になることを願ってやまない。

この本は、筆者自身にとって初の共著書になりました。このような機会を与えてくださった内田篤人選手、そして内田選手の代理人とマネジメントを兼務する秋山祐輔さんに心からお礼を申し上げます。また、自らの本ではないのに快く話をしてくれた、川島永嗣選手と酒井高徳選手にも感謝の気持ちでいっぱいです。そして、アディダスジャパンの橋倉剛さんには貴重なエピソードを教えていただきました。この本の制作に携わってくださったみなさまにお礼申し上げます。

三村祐輔

1982年10月27日東京都生まれ。慶應義塾大学卒業後、ドイツW杯でスポーツライター金子達仁さんの乗るキャンピングカーの運転手を務める。大会後から、ライターとしての活動をスタート。2009年1月にドイツに移住。以降はブンデスリーガとCL等の取材を続けている。サッカー日本代表の試合にもホーム、アウェー問わず取材にかけつけている。

あとがき｜Text by Atsuto

　去年の末のことだ。僕は親友にこう言った。

「2月にはＣＬのレアル・マドリー戦があるから、見に来てよ。そういえば、1回もドイツ来てないんだし、1回くらい来い！」

　彼は少し戸惑っていたように思う。

「あれ？（仕事が）忙しい？」

「うーん、忙しい時期ではあるんだよ」

「じゃあ、オレ、上司に挨拶に行くから。いい？　有休ってやつだよな？」

　そう言って、彼の会社に行き、上司の方に時間をとってもらってお願いをした。「有休ください！」。そうして許可をもらい、彼は飛行機のチケットを買って渡欧の準備を進めた。

　ところが肝心の僕自身が2月9日に怪我をしてしまい、レアル戦までには復帰できなかった。しかも日本でリハビリを続けていた。

　僕は確認した。

「どうする？　キャンセルする？」

「いや、今更キャンセルしてもキャンセル料かかるし、せっかくだからレアル見たいし、行ってくるわ。家の鍵、貸して」

　彼はそう言って、ドイツに行った。ゲルゼンキルヘンの僕の家に１人で泊まり、そして僕の行きつけのレストランでいつも僕が食べているパスタを食べ、僕の出ないシャルケ04の試合を見に行った。

Uchida

向こうにいる間、彼からLINEでメッセージが来た。
「なんだ、ここ。周りに何もないし、タイクツ！　よくここでやってけるな！」
そう書いてあった。僕の家に来た人は、大抵《たいてい》そう言う。

僕はサッカーしか出来ない人間。
トップレベルに関して言えば、「右サイドバック」しか出来ない人間だ。生活に関して言えば、料理も出来ないし、なるべく家では動きたくない。家ではマンガを読んでいるか、YouTubeを見ているかで、抜け殻のようだ。

僕はサッカーに対してはバカ正直なんだと思う。もらったリハビリメニューは忠実に淡々とこなすし、黙々と取り組む。シャルケ04でのリハビリは朝、結構早かったけれど、絶対遅刻はしなかった。普段の練習も、集中して真面目にこなしてきた。

淡々黙々。略してタンモク。
生きていく上で、誰かに不満を感じたり、悪口を言ったりすることはあるかもしれない。自分ではどうにもできない不測の事態にあうこともあると思う。そういう気持ちは僕もわかる。僕だって、突然写真を撮られたり、無理やり腕を引っ張られたり、せっかく書いたサインをネットで転売されたり、後ろからのタックルで背骨を折られたり（笑）、そんな理不尽なことはしょっちゅうある。

でも、僕はそういう嫌なことは無視するようにしている。僕の感情（心）まで怒りが届かないようにブロックする、という感じ。よけいなストレスをためずに、よけいな疲れを引きずらないで、練習場へと車を走らせる。そして、日々の練習になるべく万全の状態で挑み、淡々と、黙々とメニューをこなす。帰れば、静かすぎる自宅で抜け殻となったウチダは身体を休める。そうすることによって、きっと道が拓《ひら》ける、僕はそう感じている。

W杯で3試合をフルに戦った反動は結構大きかった。

正直、無理をした感じも若干ある。特に膝へのダメージが大きく、なかなかチーム練習に合流出来ない上に、2014－2015シーズンの開幕に間に合わせることが出来なかった。最初の4節を欠場し、5節の対ブレーメン戦から試合に復帰した。

シャルケ04は僕がW杯にかける思いを理解してくれた。ドイツでは「手術」という診断だったのに、日本での「手術回避」という診断を受け入れてくれたし、リハビリも日本でじっくりさせてくれた。復帰をせかすこともなかっただけでなく、開幕に間に合わない僕を責めることもなかった。

サッカーは自分のためだけでなく、支えてくれる人のためにもしたい。今はシャルケ04のみんなに恩返しがしたい。そう思ってドイツでの日々を過ごしている。淡々黙々とね。

内田篤人

1988年3月27日生まれ。静岡県函南町出身。日本サッカー界屈指の右サイドバック。清水東高校から2006年に鹿島アントラーズに入団。1年目から不動のレギュラーに定着し、リーグ3連覇を達成するなど、数々のタイトルを獲得した。2010年にドイツの名門シャルケ04へ移籍し、CLベスト4、ドイツカップ優勝を達成した。今やブンデスリーガを代表する右サイドバックの1人。シャルケ04では、在籍5シーズン目でCL本戦4シーズン、ヨーロッパリーグ1シーズンと、リーグ戦以外の戦いでも奮闘している。特にCLには計26試合に出場、これは日本人選手では最多出場記録(2014年12月2日現在)。2014年のブラジルW杯ではグループリーグ3試合に先発フル出場を果たした。著書に『僕は自分が見たことしか信じない』『2　ATSUTO UCHIDA FROM 29.06.2010』(ともに幻冬舎)がある。

内田篤人、再び日本代表へ

11月5日、アギーレが日本代表の監督になってから初めて日本代表のメンバーに選ばれた。

10月には、内田ともシャルケ04とも話をするために、日本サッカー協会の技術委員長を務める霜田正浩が遠いドイツまでやってきた。もちろん、2月に痛めた右足へのダメージの大きさを考えて、シャルケ04は11月に組まれているのが親善試合であることから、代表に参加せずにドイツにとどまって欲しいと考えていたようだが、FIFAのルールに従い、内田は日本に飛ぶことになった。

「そりゃ幸せなことだと思いますよ」

日本代表の人たちも、シャルケ04の関係者もそうやって自分を大切な選手として扱ってくれているのは光栄だ。

その一方で、こんな現実もある。

「一介の選手であるオレに出来るのは、代表とシャルケの間での決定に従うだけ。そこにオレが口をはさむことはないから」

11月に行なわれる試合のメンバー発表の前から、いろいろと騒がれることになった。ブラジルW杯以来となる代表の試合だったし、〝あの〟発言もあるから、放っておかれることはないだろうと予想していた。

残念だったのは代表メンバーの発表に合わせて、自分が何かを語ったかのように報じられてしまったことだ。過去の発言を取り消したいなんて思わないし、自分の言葉には責任を持つ。

でも、6月のブラジルでの発言を、あたかも11月に語ったかのように書かれたり、伝えられたりしたのには困ってしまった。
友人や知人が、11月に入ってから内田が語ったものだと勘違いしてしまったからだ。あのときは少しだけいらだちを覚えた。

「最近の日本代表の試合をあまり見ていないので、エラそうに語るわけにはいかないのですが、代表に関するニュースなどでは『メンバー選考』が話題になりすぎている気がする。代表チームなのだから、いかにして試合に勝つのかが最も大切じゃないのかな」

11月の代表戦の少し前にドイツで取材を受けた際に、そう語った。だからこそ、自分が出場したホンジュラス戦だけではなく、オーストラリア戦にも勝てたことが何よりも良かったと考えている。
勝負にこだわらないのなら、何のためのサッカーだ⁉　と思ってしまうから……。

自分が久しぶりに代表に選ばれたのが、ブラジルW杯のメンバーである遠藤や長谷部が復帰したタイミングと重なったため、当時と比較される機会があまりに多かったと内田は考えている。

「11月にザック（ザッケローニ）さんのときのメンバーが戻ってきたら、アギーレさんの色がなくなっちゃうという雰囲気があったけど、オレはそうは思わない。今までやってきたものを1回、ぶったぎっちゃう意味がわからないかな。

むしろ、今までのものをドンドンつなげていけばいいと思う。それは、すごくイイことだから。ぶったぎっちゃうと、(2010年からの)4年間はなんだったの？　みたいになっちゃうでしょ？」

ただ、「2008年から日本代表に名を連ねてきた内田選手は、チームに何をもたらしてくれるのですか？」と聞かれても、明確な答えがあるわけではないのだが……。

こうして、気がつけば日本代表のメンバーの一員としてごく普通にユニフォームを着ることになった。

ブラジルW杯を制したドイツ代表でキャプテンを務めていたラームは代表から退くと表明したが、自分は何かを発表したわけではない。だから、これでもいいのかなと思っている。

以前、自分の応援ツアーを毎年行なっている理由について取材を受けたとき、こんな風に答えたことがある。

「オレはシャルケというチームを日本のみんなに知ってもらいたいだけなんだよね」

自分のなかでは普通だと思っているのだが、周りの人には「内田のクラブへの愛は異様に強いな」と思われるみたいだ。

鹿島アントラーズにいたころも、シャルケ04にいる今も、必要以上にクラブ愛を語ったり、表現したりしているつもりはない。

果たして、いつか日本代表にも、自分のアイデンティティーを見出すことがあるのだろうか。それは今の内田にはわからない。
ただ、今後の日本代表の活動について、一つだけはっきりしていることがある。

「新しく入ってきた選手には、『代表はこういう感じですよ』、とポジションをパッと渡すわけにはいかないからね。自分に出来ることを、シャルケでやっているようなプレーを、日本代表でもきちんと出していくだけかな」

そして、もう一つ――。
チームが上手くいっているときには陰に隠れているが、チームが困っているときに力になりたいと内田は考えている。
地味で、目立たない。でも、大切なことだ。
シャルケ04でそれが出来れば存在感のある選手に近づくことが出来るだろうし、日本代表として戦ったブラジルW杯では出来なかったことでもある。チームが苦しいときに力を発揮出来れば、以前なら負けていた試合の結果を変えられるかもしれない。今まで以上に勝利の快感を味わうチャンスが増えるかもしれない。

そうなれば最高だな。
そんな風に内田は考えている。

atsuto's VOICE
14.11.2014

日本代表対ホンジュラス代表@豊田スタジアム

――この試合の感想は?
「相手チームも移動してきて大変だったなかで、ずっと2部練をやってきたみたいだし。よく来てくれた、よく試合をやってくれたなと思います」

――久々の代表戦の手ごたえは?
「変わらないですよ。周りの人間はけっこう変わっていたけど、(以前とは異なり)となりにいるのがヤットさん(遠藤)だったり。どっちにしろ、ボールを持てるし、回せる人だから、数タッチでボールをはたいて、動いて、という感じかな」

――ブラジルW杯のメンバーが多かったですが、これまでの蓄積をすんなりと出せた感じでしたか?
「ザックさんのときのメンバーが戻ってきたけど、やっているサッカーや戦術はだいぶ、違うから。(サイドバックの選手が)あそこまで上がることはザックさんのときは、なかったから。ベンチから指示はあまりなかったから、自由にやりましたけどね。まぁ、守備だけは……しっかりと安定させるようなポジショニングをしっかりしていれば、ボールは回るから」

――内田選手のおかげで攻撃的にプレーできたと試合後に本田選手が明かしていましたが……
「得点のシーンの前に、本田さんが下がろうとしていたので、下がってくるな、と言ったところはありますけど(笑)、彼が前の方で仕事をしてくれればいいなと思いますし。技術、強さがあるので、カウンターの起点になれて、ドリブルでつっかけていけるから。極力、自分が守備の負担というのは全部引き受けて……。彼が戻らなくていい態勢のサッカーをしたいから。本田さんだけではなくて、右サイドの前めのポジションに入る選手の特長を上手く出したいなという風にいつも思います」

――内田選手がオーバーラップしても、そこにあまりボールが来ずに、本田選手がドリブルをしかけたりシュートを打つ場面が多かったのでは?
「いや、左利きの選手は、僕が上がればシュートを打てる形に持っていけますし、(相手の)ディフェンスからしたらパスコースが増えて、イヤな感じですし。本田さんは後半もだいぶ貪欲にシュートを打っていましたし、後ろから見ている分にはやっぱり、(点を)とって欲しかったなと。アシストを含めて、やっぱり、良い選手かなと思います」

――準備期間も少ないなかで、周りの選手と合わせられたのは内田選手の経験のなせる業、という感じでしょうか?
「まぁ……そうかな。昨日も言っていたけど、グラウンドのなかに入ってやってみないとわからない部分というのはあったし。相手あってのことだから。（試合の）出だしとかに、自分たちが点を早くとれましたし、良いリズム、テンポでできたというのはありました。代表チームには何年も帯同させてもらっていますけど、急にポンと出た選手がやれるかどうか……それも力だと思っているので」

――システムや戦術が全てではないと内田選手はおっしゃっていましたが、このチームで今後はどのようなサッカーをしたいというような展望は抱けましたか？
「特に、細かく指示というのはないので。ある程度、自分たちで考えてやっちゃっていいのかなという気はしますけど」

――『自分たちで考えてやっちゃっていい』というようなサッカーであれば、楽しいと感じられる部分もあるのでは？
「監督も楽しんでサッカーをやれというのを言っていましたし。それがやっぱり、大事だと。勝つためにも楽しむのが大事だと言っていたので。今日は勝てましたけど、これから先に勝てない時期はあるだろうし。ずっと勝てるかもわからないし。まぁ、そんなのはわからないので、上手くいくときは別にどうでもいいですけど、上手くいかなくなったときにどうするのかがチームの力だと思いますけど。流れというのがあるので」

――前半16分に内田選手のパスを本田選手がスルーして、岡崎選手が受けるとすぐに長谷部選手に落として、そこから右サイドの裏へ展開するシーンがありました。アギーレ監督が就任してからは、あのように複数の選手が連係して崩そうというシーンはあまり見られなかったのですが、あのようなプレーを増やしていきたいという思いがあったのですか？
「（アギーレ監督が就任してからの）代表の試合はそんなに見ていないので、どういう形だったのかは知らないですけど、縦パスが一本入れば、イメージというのはだいたい、みんなが共有できると思っていますから。スルーするなり、3人目の選手が動くなり、もっと速く、正確にやれれば、いいんですけど」

――久しぶりの代表戦は楽しめましたか？
「ふつう」

――（笑）。4年後のW杯へ向けたモチベーションはわいてきましたか？
「今までどおり、淡々と、というか、コツコツやるだけなので。先のことに対しては、何も考えていないかなと思います」

――ドクターと相談しながらこの試合に臨みたいという話でしたが、どのようなプロセスがあったのでしょうか？

「ヒザ(の痛み)の慢性化といったらアレですけど、W杯の前から痛い箇所になって……もう、半年くらいかな。そのくらいなので、チームでも様子見ながらやっていますし。監督からも、無理だったらいつでも言ってくれと言われたんですけど、ハーフタイムに『(残りの) 45分もいけ!』みたいな感じで言われたので(笑)、あれ? っと思いながら、ウイッす、と」

――フル出場は厳しいと思っていたと?
「いや、オレも無理というサインを出そうとは思っていなかったから別にいいけど。今は別に大丈夫だけど、明日、明後日にどうやってリバウンドが出てくるかわからないので、そこで上手く……W杯のときもそうでしたけど、良いスタッフが見てくれているので、治療、ケアをしっかりしてやりたいと思います」

――後半のロスタイムにも長い距離を走ってオーバーラップできたのは、そうした怪我の影響はなかったということでしょうか?
「うーん……まぁ、監督が代わったばかりだし、ちゃんとやった方がいいのかなと思って(笑)」

――サイドバックの選手としてチームの戦いを上手く調整できたという手ごたえはありますか?
「僕のプレースタイルとしては、縦にガンガン前にいくのもまぁ、一つだと思いますけど、ゲームを組み立て、パスをつないで、周りとのコンビネーションを見ながら、顔を見ながら、パスを配給していくというのも大事な仕事だと思っているので。前の選手はボールを欲しがる選手が多いですから、トップ下や両サイドにはドリブルが得意な選手もいるし。一生懸命にボールを追いかけてくれる選手もいるから。ボランチだけに、センターバックだけに、頼るんじゃなくて、サイドからもボールを散らしながら……『良いパス』と自分で言うのはアレですけど、最初の一発目のパスから『おっ!』と思われるようなパスをね」

――先ほど、前半16分のシーンについて振り返っていたときに『もっと速く、正確に』と話していましたが、あれはどういうことですか?
「ディフェンスがいる状態でやっていて、形としてフリーでやっているわけではないから。無理だったら止めればいいと思うけど、長谷部さんは無理だと思って出したんだろうけど、(あの場面だけを考えるのであれば)止めればよかったのかも……。形として(強引に)最後までいくんじゃなくて、無理なら止めて、もう一回やり直したりとか、臨機応変にやりたい」

――相手に奪われたあと、内田選手が再びボールを上手く奪い返すシーンも目立ちましたが……

「僕としても、ボールをとられたあとのカウンターというのは……。ブンデスリーガでもそうだし、W杯でもそうだし、EUROもたぶん、そうだと思うんですけど、ボールをとってからゴール（へつながる）というのはどのチームも考えているし、それがポイントだと思っているので。そこで（相手の攻撃を）つぶせて、自分たちがボールをとれればいいかなと思うし。バルサとか、バイエルンとかはボールキープが上手いというよりも、ディフェンスをする時間がすごく短いから。ボールをとる技術、奪う技術がすごい。そういうところを少しでも見習わないといけない。ボールをすぐにとれちゃえばディフェンスをしなくていいから。そうすれば、下がらなくてもいいし。ボールを回しても、ディフェンスをしないという感じ。モリゲ（森重）と麻也（吉田）が足元に強くいってくれるし。今日も何回も跳ね返してましたけど。あれが跳ね返せなくなったときにどういう風になるのかなと思う部分はありますけどね」

Staff

プロデュース
秋山祐輔（SARCLE）

デザイン
松山裕一（UDM）

編集
二本柳陵介（幻冬舎）

淡々黙々。

2014年12月15日 第1刷発行

著　者：内田篤人
　　　　三村祐輔
発行者：見城 徹
発行所：株式会社 幻冬舎
〒151-0051 東京都渋谷区千駄ヶ谷4-9-7
03（5411）6211（編集）
03（5411）6222（営業）
振替：00120-8-767643
印刷・製本所：中央精版印刷株式会社

検印廃止

ISBN978-4-344-02690-2 C0095
幻冬舎ホームページアドレス
http://www.gentosha.co.jp/
この本に関するご意見・ご感想をメールでお寄せいただく場合は、
comment@gentosha.co.jp まで。